漳州市博物馆藏品集粹

漳州市博物馆　编

文物出版社

图书在版编目（CIP）数据

漳州市博物馆藏品集粹 / 漳州市博物馆编. –– 北京:
文物出版社, 2021.3

ISBN 978-7-5010-6629-2

Ⅰ. ①漳… Ⅱ. ①漳… Ⅲ. ①博物馆—历史文物—漳
州—图集 Ⅳ. ①K872.573.2

中国版本图书馆CIP数据核字(2021)第056817号

漳州市博物馆藏品集粹

编　　者：漳州市博物馆

责任编辑：张晓曦
器物摄影：张　冰
责任印制：张道奇

出版发行：文物出版社
社　　址：北京市东直门内北小街2号楼
邮　　编：100007
网　　址：http://www.wenwu.com
经　　销：新华书店
制　　版：北京荣宝艺品印刷有限公司
印　　刷：宝蕾元仁浩（天津）印刷有限公司
开　　本：889mm×1194mm　1/16
印　　张：14
版　　次：2021年3月第1版
印　　次：2021年3月第1次印刷
书　　号：ISBN 978-7-5010-6629-2
定　　价：360.00元

编委会

序

　　文物承载灿烂文明，传承历史文化，维系民族精神，是老祖宗留给我们的宝贵遗产，是加强社会主义精神文明建设的深厚滋养。习近平总书记高度重视文物保护工作，强调"保护文物功在当代、利在千秋""让收藏在博物馆里的文物、陈列在广阔大地上的遗产、书写在古籍里的文字都活起来"。

　　漳州是第二批国家历史文化名城。早在距今40万～20万年前就有人类在此繁衍生息。商周时期古闽族的青铜文化就比较繁荣；秦汉时期闽越人已经有了发达的造船业；唐代，陈政、陈元光父子奉诏入闽平乱，始设州治，闽越文化与中原文化交融荟萃，形成了独具特色的漳州文化，留下了丰厚历史文化遗产，成为漳州人民的宝贵财富。为保护和弘扬优良传统和灿烂的历史文化，漳州市政府于1988年成立了漳州市博物馆，馆藏品以本地历史文化收藏为重点，历经三十余载发展，形成了以青铜时代虎林山出土文物、漳州窑瓷器、近现代名家书画作品、"海丝"贸易银元及地方非遗

产品为主要特色的收藏体系，经鉴定的文物有11098件，其中一级文物81件、二级文物216件、三级文物1456件。

　　为保护好、利用好这些文物，让文物活起来，我馆遴选各个历史时期文物234件汇编成《漳州市博物馆藏品集粹》。本书分为正文、图版两部分，正文以《漳州旧石器时代莲花池山遗址的考古成果》《漳州青铜时代考古发现与认识》《漳州窑瓷器的对外输出》《白银时代：闽南外来货币的流通及影响》《丹青翰墨香如故——漳州市博物馆书画藏品述要》等文章对重要馆藏品的历史文化信息做了以点带面的讲解性记述；图版按玉石器、陶瓷器、金属器、书画、杂项等品类展示不同时期的漳州历史、文化、科学、艺术的物化风貌和人文内涵。

　　冀望我们在欣赏和品味文物之际，能感悟到文物背后的文化蕴含和历史智慧，滋养与激发我们的民族自豪感和文化自信心，更好地助力中华文明创造性转化和创新性发展。

目　录

论

文

漳州旧石器时代莲花池山遗址的考古成果

范雪春（福建博物院）

漳州地处福建省南部沿海，良好的气候条件和生态环境被考古工作者视为史前考古最有希望的地区之一。漳州旧石器时代莲花池山遗址一系列重要的考古发现，不仅填补了福建省的多项空白，而且改写了福建史前考古的研究历史，其意义重大。本文就漳州旧石器时代莲花池山遗址调查、发掘和研究成果作简要概述。

一　莲花池山遗址的调查、发掘经过

漳州市北郊莲花池山是一个高不足百米、东西向延伸的红土台地，1987年环城公路开挖时将其切成两半，裸露出良好的地质剖面，其中的砂砾石条带将砖红土分成为上下两个部分，砾石条带中含有大量脉石英块和水晶结晶体。1988～1989年，曾五岳从台地地表采集到一批用燧石打制的小石器，经作者鉴定属石器无疑。随后在作者和曾五岳陪同下福建省博物馆原馆长陈存洗等前往漳州北郊莲花池山、天宝山实地调查，证明小石器均采自红土台地地表，无明确地层层位，但随后却在莲花池山被切开的剖面上发现几件具有明显人工打击的石制品，后经中科院古脊椎动物与古人类研究所尤玉柱鉴定、国家文物局专家组成员张森水核实，肯定了这些标本属于旧石器无疑，因此确定了漳州已经发现旧石器时代遗存。次年5月，由福建博物馆范雪春、陈兆善，漳州市文

物科曾五岳、杨丽华和中科院古脊椎动物与古人类研究所尤玉柱、董兴仁、张振标等联合组成发掘队，在福建省博物馆原馆长陈存洗率领下对莲花池山和竹林山两个遗址进行为期45天发掘，采集到用脉石英和水晶制作的石制品27件（莲花池山遗址23件；竹林山遗址4件）。漳州莲花池山遗址最初的相关材料在《漳州史前文化》一书中作了记述[1]。莲花池山遗址及其遗物的发现，为旧石器时代福建与台湾省早期关系的探讨掀开了新的一页。

随着海峡西岸特区经济的加快发展，许多红土台地和丘陵边缘地带先后被开发利用，为确保莲花池山遗址的安全，福建博物院和漳州市文物管理办公室提出申请并经国家文物局批准，于2005年冬至2006年春在莲花池山遗址的南区进行为期4个月的保护性发掘，揭露出除原文化层以外的另3个文化层，出土石制品数千件，初步整理的材料在《中国古脊椎动物学会第十届学术年会暨第一次中国第四纪研究会古人类与旧石器分会首次学术会议》（2006年11月，福建三明）出版的论文集中作了简要介绍[2]。该次发掘期间，国内多位知名专家学者分数批次前来参观和指导，一致认为："莲

[1]　尤玉柱主编：《漳州史前文化》，福建人民出版社，1990年。
[2]　范雪春、彭菲、陈子文等：《福建漳州莲花池山旧石器遗址发掘简报》，载董为主编：《第十届中古脊椎动物学学会论文集》，海洋出版社，2006年。

花池山遗址砖红土、红土和网纹红土系列中揭露出4个文化层，不仅在福建，就是在我国南方也十分罕见，是旧石器考古领域里新的突破"，莲花池山遗址遂成为研究红土类遗址埋藏的重要范例。漳州的多次发现，结束了福建无古人类化石和无旧石器发现的尴尬局面，也改写了福建史前考古研究的历史。

二　莲花池山遗址发掘的重要成果

莲花池山所在台地的基座是深成花岗岩和花岗闪长岩，由于漳州地处南亚热带，气候湿润多雨，自然地理条件加速了花岗岩和花岗闪长岩的风化过程，从而普遍发育较厚的基岩风化壳和上面的土状堆积物，再经过长期淋漓作用和红壤化，土状堆积物逐渐转化为砖红土、红土和网纹红土层。城际公路开挖时把莲花池山从中切开，形成南北两个部分，第一次发掘时尤玉柱、范雪春曾把北区南侧剖面的地层划分为6个小层，当时还从地层的表面采集到了若干破碎的牛、鹿类等化石标本。2005年第二次抢救性发掘在遗址的南区进行，开挖总面积达600平方米，揭露高达360厘米、长1320厘米的大型地质剖面，出露的地层层次分明，各层之间迭覆关系十分清楚，岩性和厚度变化甚大，说明砖红土、红土和网纹红土层在形成过程中和形成之后都遭受到多次强烈的侵蚀、剥蚀和再堆积作用。根据砾石条带反映更新世期间至少有4次剥蚀、侵蚀过程，更新世地层因此部分遭受剥离。莲花池山遗址南、北两区的地层是相连的，从北而南呈较大角度倾斜，南部剖面上之所以未见上部红土层则是已被剥蚀的缘故。莲花池山遗址两次发掘共揭露出4个文化层，一个遗址存在4个文化层在东南诸省甚至全国都属罕见。

三　莲花池山遗址研究的重要成果

（一）探明红土台地的形成过程

根据莲花池山遗址的地层、物质成分和埋藏学研究，复原了台地和遗址的形成过程，确定了遗址第四文化层（最下面的文化层）属于原地埋藏的原生文化层。整个遗址的埋藏、破坏直至最终形成，经历了漫长的时间：即从中更新世中期开始一直延续到晚更新世晚期，即从距今40万～1万年前。

（二）明确遗址的埋藏类型

研究表明莲花池山北依群山，红土台地延绵东西，开阔平坦，南面依着近海低地——漳州平原，东边临近有闽南第一大河流北溪，远古人类理所当然要选择这个良好的环境和位置，作为加工制作工具的场所和活动基地。漳州西北郊天宝山盛产水晶和脉石英，东边北溪的河滩上又有可供采集的砾石，制作石器的原料无疑有着得天独厚的条件。根据地层中出土的石制品、遗迹和可拼合的3例标本说明莲花池山遗址的原生文化层属于原地埋藏的旷野类型遗址。

（三）石制品的加工工艺

纵观莲花池山遗址石制品制作的工艺流程，显得相对简单、粗糙，除了与采用的石料有关外，权宜性制作特点十分清楚。通常把制作石器技术水平划分为"精细加工"型和"权宜性加工"型。前者主要表现在对工具进行细心修制，外观精致、器型规整，且一器多用，这种聚落的人群通常是"四处为家"，属于具有前瞻性的群体。而"权宜性加工"的聚落人群通常表现出制作工具的粗糙性和简单性，只追求能获取食物即可。生活在莲花池山的群体，在加工和使用工具时可能表现出随时制作随时丢弃的行为。因为他们所能活动的范围内有良好的生态环境、既有足够的食物来源，又有取之不尽的石料，他们可以过着比较稳定的生活，这是导致他们制作"权宜的工具"组合的根本原因。

（四）文化的基本内涵

莲花池山遗址两次发掘出土的石制品总数3768件。第四文化层（原生文化层）3301件，第三文化层325件，第二文化层115件，第一文化层27件。从第四文化层到第一文化层，器物尺寸从大到小，类型从较复杂到较简单，数量从多到少。这种从早到晚的变化表明，原生层第四文化层经历多次侵蚀、剥蚀和破坏。第三文化层至第一文化层的石制品可视为"脱了层的器物"，都是从第四文化层搬运来的，尽管不同层位，但实质上这三个文化层的石制品和第四文化层石制品是同时代的。

原生文化层的基本特点是：

（1）石制品原料单调，几乎都是脉石英和水晶。

（2）打制石片基本采用锤击法和砸击法，以水晶晶体作为石核并用砸击法生产石片，偶尔采用锤击方法。

（3）石制品数量大，类型多，和福建境内其他旷野遗址相比丰富得多，特别是砍砸器和尖状器类型变化多，形制复杂，其中的薄刃斧是福建境内所见的唯一标本。

（4）存在一定比例的重型工具（重型砍砸器和大型尖状器）。

（5）文化性质隶属于中国南方广泛分布的"砾石石器传统"范畴，但也有某些差别，尤其是以水晶晶体作原料称得上是独具特色的文化。

（五）探明福建境内红土沉积系列的层序及其时代

中国南方广泛分布在湿热气候条件下形成的红土。福建境内红土发育、分布甚广，厚度也较大，多见于河流第二级阶地、台地、丘陵边缘和山前地带。由于漳州地区红土地层出露好，剖面清晰，是解决红土沉积系列层序和时代的关键地段。通过对漳州地区的全面调查，特别是莲花池山遗址的发掘和揭露出的剖面，作者等将红土沉积系列划分成6个小层，不同沉积层的年代分别为：

（1）上部砖红土年代早于10000年前，晚于70000年前。

（2）下砖红土年代早于70000年前，晚于130000年前。

（3）红土年代早于130000年前，但晚于300000年前。

（4）上网纹红土底界的年代为300000～400000年前之间。

（5）中网纹红土底界的年代为400000～500000年前之间。

（6）下网纹红土底界的年代为600000年前。

至今福建境内未发现早于730000年前更新世早期的网纹红土。

近年来许多学者从以往注重探讨红土的成因和形成年代，开始转向气候变化因素和人类生存环境关系的综合研究，这无疑与近年来红土地层中旧石器遗址的不断发现和莲花池山遗址的发掘成果有关。莲花池山遗址是福建境内最早发现和时代最早的旧石器时代遗址，该遗址的发掘和研究取得的多项成果，在福建史前考古研究中具有开创性意义。该遗址已被列入第七批全国重点文物保护单位。这不仅是漳州市的殊荣，也是曾经参与发现、发掘和研究的考古工作者的殊荣。

漳州青铜时代考古的发现与认识

陈邵龙（福建博物院）

大约公元前 21 世纪～前 256 年，中国历史进入夏商周时期，考古学上称这一时期为青铜时代。数十年以来，福建省考古工作者在漳州市各地共调查发现了 300 多处商周时期的墓葬和遗址[1]。为了配合基建和科研需要，对其中的一些重要遗址进行了考古发掘，出土了大量富于粤东浮滨文化风格，又兼具闽南地域特色的青铜时代文物标本，为研究闽南地区青铜文化及与中原和周边地区的文化关系提供极为重要的实物资料。

一　典型考古遗存分析

迄今为止，文物考古工作者分别在云霄、诏安、平和、南靖、长泰、芗城等地开展了一系列发掘、清理工作，发现了大量陶器、石器、玉器、青铜器等遗物，其文化特征与粤东地区的"浮滨类型文化"属于同一类型文化，并初步建立了闽南地区先秦文化发展序列[2]。

（一）诏安县后山遗址

位于诏安县官陂镇陂里后山。1985 年福建省博物馆、厦门大学考古专业调查发现，清理多座先秦墓葬，出土了陶釜、尊、罐、钵、豆及石锛、戈、镞等器物[3]（图一）。

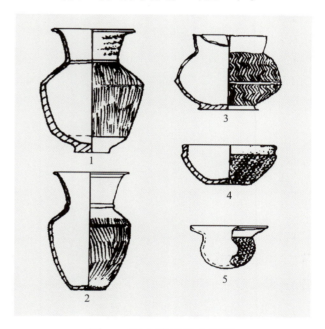

图一　后山遗址出土陶器

（二）云霄墓林山遗址

贝丘遗址位于云霄县列屿乡城内村墓林山，三面濒海，海拔 102 米（图二）。1988 年福建省博物馆对遗址进行了抢救性发掘，发掘面积 155 平方米。出土青铜器、石器、陶器标

[1]　国家文物局编：《中国文物地图集·福建分册》，福建地图出版社，2007 年。

[2]　郑辉、陈兆善：《九龙江流域先秦文化发展序列的探讨》，王振镛：《辛勤耕耘结硕果——福建省博物馆文物考古工作四十年》，林公务：《福建境内史前文化的基本特点及区系类型》，以上载于《福建历史文化与博物馆学研究》，福建教育出版社，1993 年。于小莉：《九龙江流域商周时期古文化分期初探——兼谈浮滨类型的年代》，《考古学报》2010 年第 1 期。

[3]　郑辉：《福建诏安考古调查简报》，《福建文博》1987 年第 1 期。

图二　墓林山遗址全景

本百余件。陶器有釜、罐、尊、盘、杯、支座等（图三），典型器物以宽沿、高颈、折肩、圈凹底尊，敞口、鼓腹、圈凹底罐和束腰形支座为特色。出土的海生甲壳种类达 20 多种。经碳 –14 年代测定遗址为 2430（±65 年）B.P. 和 2635（±75 年）B.P.，大致相当于西周晚期至春秋初期。墓林山遗址的发掘为研究闽南沿海青铜时代贝丘遗址及与广东浮滨文化的关系提供了重要资料[4]。

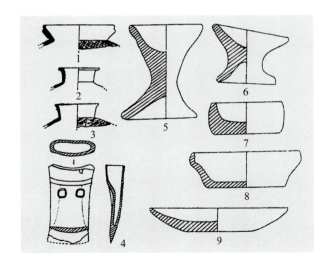

图三　墓林山遗址出土器物

（三）平和县西山遗址

位于平和县城西南 3 千米的西山东北坡。1988 年清理商周墓葬一座，出土釉陶尊、罐、钵、豆、纺轮和石锛、戈、砺石、凿等器物计 31 件（图四）[5]。

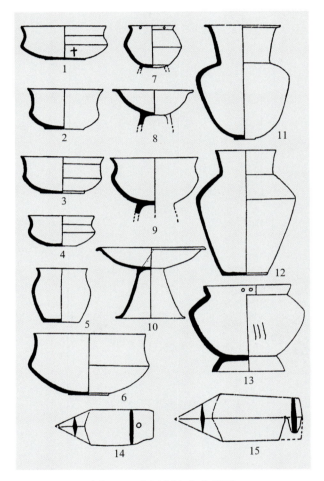

图四　西山遗址出土器物

（四）平和钟铜山遗址

位于平和县安厚镇北约 1 千米处（图五）。2011 年发掘，清理墓葬 3 座、灰坑 1 座（图六）。其中 M1 规模较大、形制较为特殊，随葬品较为丰富，主要有陶器和石器（图七、八）[6]。

[4]　郑辉：《福建云霄县尖子山贝丘遗址调查》，《考古》1990 年第 6 期。郑辉：《福建漳州市史前文化遗址调查》，《考古》1995 年第 9 期。

[5]　郑辉：《福建平和发现一座西周墓》，《东南文化》1991 年第 1 期。

[6]　厦门大学考古专业、漳州市文管办 2011 年考古发掘资料。

图五　钟铜山遗址外景

图六　钟铜山遗址发掘现场

图七　钟铜山遗址 M1 出土陶器

图八　钟铜山遗址 M3 出土陶器

（五）南靖三凤岭遗址

位于南靖县靖城镇友谊果场南坡。1990 年清理出土各种型式的石戈 10 件（图九）及少量陶器，其年代约在商末～西周时期[7]。

（六）漳州市龙文区虎林山遗址

位于漳州市龙文区朝阳镇樟山村虎林山。2001 年夏，发掘面积 2314 平方米（图一〇、一一）。主要清理了 19 座商代晚期土坑墓（图一二），其中带有腰坑的墓葬 8 座，初步呈现了

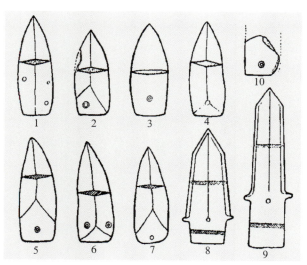

图九　三凤岭遗址出土石戈

[7]　郑辉、林圭亮：《福建南靖县三凤岭西周墓》，《东南文化》1990 年第 4 期。

图一〇　虎林山遗址发掘现场

图一一　虎林山遗址墓葬清理现场

图一二　虎林山遗址 M2 器物出土情况

图一三　虎林山遗址出土铜戈（M19：17）

图一四　虎林山遗址出土石戈
（上起 M19：6、22、15、8）

按贫富等级分区埋藏死者的迹象。出土完整和可复原文物 321 件。分青铜器、玉器、石器和陶器等四类。青铜器有铜戈、矛、铃 3 件（图一三），首次以确凿材料证明福建在商代晚期已正式进入青铜时代范畴。玉器仅有玉玦 3 件；石器数量最多（图一四～一六），器形以各类凹刃石锛为主，石戈其次，多为各式无阑石戈（图一四），也有少量有阑石戈，还有石矛、石镞、铲形器等。特别是石璋礼器的出现和精美装饰品石钏的出现（图一六），大大提高了该遗址文化内涵的层次。陶器以长颈尊、折肩尊、短颈深腹壶、钵形豆、盘形喇叭足豆、圈足罐等为主要特色（图一七～二〇），并以主

图一五　虎林山遗址出土石璋（M13：1）

图一六　虎林山遗址出土石钏（M18：29、31～33）　　　图一七　虎林山遗址出土陶尊（M19：2）

图一八　虎林山遗址出土釉陶壶　　　图一九　虎林山遗址出土釉陶豆　　　图二〇　虎林山遗址出土釉陶豆
（M7：6）　　　　　　　　　　　　（M18：27）　　　　　　　　　　　　（M13：2）

要饰条纹的印纹硬陶、带各式刻划符号以为特征的考古学文化面貌[8]。

　　虎林山遗址碳-14测定年代在公元前1100年～前1200年前后，相当于商代晚期。虎林山遗址及商代墓葬的发现是福建南部青铜时代文化考古的最重要收获。由于虎林山文化遗存反映出与青铜时代粤东浮滨文化之间关系密切，因此扩大了浮滨文化的视野，对闽南地区青铜文化有了新的认识。虎林山商代青铜器以及陶器上刻划符号的发现，为福建地区青铜时代的历史研究提供了极为重要的实物证据。

　　（七）漳州市芗城区松柏山遗址

　　位于漳州市芗城区芝山镇康山村岭下自然村东南侧。2001、2002年进行考古发掘，发掘面积1600平方米。共清理商周时期墓葬7座（图二一）。出土随葬品共计80余件，随葬品以尊、罐、豆三类最多见，还有少量釜、钵、壶、纺轮、石戈、石锛、石镞等（图二二、二三）。石戈为无阑柳叶形，石锛为轻微的凹弧刃。陶器器形以高翻领折腹小圈足尊、高翻领折腹圜凹底尊、撇口浅盘折腹长柄豆、敛口弧腹圈足豆、直口浅盘圈足豆、高领折腹圜凹底罐、敛

[8]　陈兆善、杨丽华：《虎林山遗址》，海潮摄影艺术出版社，2003年。

图二一　松柏山遗址 M1 全景

图二二　松柏山遗址出土陶罐（M1：19）

图二三　松柏山遗址 M3 石戈出土

图二四　鸟仑尾遗址全景

口圆腹圜凹底小钵等最常见。另外，翻领折肩矮圈足尊、敞口圆腹瓿形尊和黑衣折腹凹底硬陶罐也很特别。根据出土器物比较研究，年代约为夏商时期[9]。

（八）南靖鸟仑尾遗址

位于南靖县金山镇河乾村西北面约 300 米的鸟仑尾山坡上（图二四）。2002 年秋至 2003 年初发掘，发掘面积 2050 平方米（图二五）。发现了商周时期墓葬 23 座，均为竖穴土坑。随葬品最多达 61 件，最少只有 4 件，一般在 7～18 件。陶器均为软陶，未见釉陶。

陶器组合为罐、豆、尊。器形还有壶、釜、杯、钵、盆、匜、瓮、器座和纺轮等。纹饰有方格纹、复线菱形纹、梯格纹、曲折纹、斜线纹、绳纹、篮纹、弦纹、锥刺纹等。陶器中高翻领小圜底或圜凹底的尊、卷沿圜凹底罐、浅盘折腹竹节状长柄豆、折腹长柄喇叭足豆最具特色。

根据地层叠压关系，结合出土器物型式变化，参考碳-14 年代测定（M2 碳-14 年代测定为 3550±60 年），该遗址分为两期文化。第一期约在商代早中期，多为夹细砂灰陶、泥质灰陶，器物组合以罐、豆、尊为主，流行圜凹底器、圜底器、圈足器，少量平底器，不见三足、袋足器。第二期约在商代晚期，陶器以

[9]　福建博物院、漳州文管办：《漳州松柏山商代墓葬》，《福建文博》2003 年第 1 期。

图二五　鸟仑尾遗址西南区清理现场

图二六　鸟仑尾遗址
出土釉陶壶

图二七　鸟仑尾遗址
出土陶杯（M19∶4）

图二八　狗头山遗址发掘现场

图二九　狗头山遗址
出土陶尊（M1∶1）

图三〇　狗头山遗址
出土釉陶豆

泥质灰硬陶为主，釉陶数量占60%，器物组合以罐、豆、壶（图二六）、尊为主，流行圈足器、平底器，少量圜底器，陶器镂孔作风盛行，豆盘内外、圈足常见各种刻划符号，其中石戈、曲腹圈足釉陶豆、高领尊是该期典型器物[10]（图二七）。

（九）南靖狗头山遗址

位于南靖县丰田镇顶州村东北约100米的狗头山。2003年发掘，揭露面积750平方米（图二八）。发现5座商周时期浮滨文化类型的墓葬，出土100多件陶器、石器、玉器。其中石器质地多为灰黑色页岩，少量砂岩，器形主要

有石锛、石戈、石矛及少量石凿、锥，玉器有玉璜、钏、玦等。陶器有泥质、夹砂、釉陶三类，常见器形有尊（图二九）、豆、簋、罐、钵、杯、壶等。出土物中除了代表浮滨文化典型器物如无阑戈、凹刃锛、高领长颈尊、钵形豆（图三〇），常见刻划符号外，也有一些造型硕大、工艺精美、富于地方特色的器物，还发现了闽南地区迄今为止体量最大的高领罐（高60厘米、宽35厘米）[11]。

（一〇）南靖石土地公山遗址

位于南靖县金山镇安后村西北，2007～2008年发掘762平方米（图三一、

[10]　郑辉、杨丽华：《鸟仑尾与狗头山——福建省商周遗址考古发掘报告》，科学出版社，2004年。

[11]　郑辉、杨丽华：《鸟仑尾与狗头山——福建省商周遗址考古发掘报告》，科学出版社，2004年。

图三一　石土地公山遗址发掘现场

图三二　石土地公山遗址 M5 清理现场

图三三　石土地公山遗址出土陶器

图三四　石土地公山遗址出土彩陶罐（M10：1）

三二），清理墓葬 10 座，灰坑 1 座，出土遗物多为陶器、石器等（图三三~三六）。

从该遗址的地层关系和出土遗迹及遗物来看，该遗址可分为早晚两期，M1、M2、M4~M10 为早期，M3、H1 为晚期。早期应与浮滨文化相当，属商代中晚期，晚期可能与鸟仑尾类型相当，属商代早中期[12]。

漳州南靖石土地公山遗址其性质应为商代早中期一直沿用至中晚期的墓地，该遗址的发掘为探讨该地区商周时期文化面貌提供了重要的资料。M3 随葬品分层摆放的葬式，为浮滨文化增添了新的内涵。M10 出土的凹底彩陶罐，制作精细，彩绘多种纹饰，腹部还拍印方格纹，整个器物的装饰风格应与闽江下游黄瓜山文化有一定的联系，为进一步研究闽东与闽南商周时期考古学文化的交流提供了实物证据。

二　文化发展序列及年代

不少专家、学者在不同时期，根据当时发现的资料，曾对漳州先秦文化进行了分期，勾勒出九龙江流域青铜文化发展序列[13]。近年

[12]　福建省考古队发掘资料。

[13]　郑辉、陈兆善：《九龙江流域先秦文化发展序列的探讨》，王振镛：《辛勤耕耘结硕果——福建省博物馆文物考古工作四十年》，林公务：《福建境内史前文化的基本特点及区系类型》，以上载于《福建历史文化与博物馆学研究》，福建教育出版社，1993 年。干小莉：《九龙江流域商周时期古文化分期初探——兼谈浮滨类型的年代》，《考古学报》2010年第 1 期。吴春明：《粤东闽南早期古文化的初步分析》，载《东南考古研究（第一辑）》，厦门大学出版社，1996 年。

图三五　石土地公山遗址出土陶豆（M3：4）

图三六　石土地公山遗址出土石器

来，随着新的考古资料的披露，特别是鸟仑尾、狗头山、松柏山、虎林山四处重要遗址的考古发掘收获，对重构漳州青铜文化意义重大。其中干小莉根据一些典型遗址的地层、分期、典型陶器考察，参考相关陶器、石器、铜器等特点，将漳州地区青铜文化分成七期，应是最新的研究成果（图三七、三八）[14]。

第一期：以松柏山 M7 为代表。陶器均夹砂，内外壁抹细泥。器形单一，仅见高领圆凹底罐。典型陶器造型为高领、圜底、凹折沿、圆鼓腹，腹饰绳纹间附加堆纹，与闽侯昙石山、诏安腊洲山等新石器时代遗址所出陶釜类似，属于新石器时代末期的遗存，属新石器时代末期或向商周青铜时代过渡的早期阶段。

第二期：以松柏山 M1 和虎林山 M2 为代表（包括松柏山 M2、M4 ～ M6 和虎林山 M10）。陶器以夹砂陶占大多数，出现少量泥质陶。主要纹饰为刻划网格纹，次之斜线纹，少量绳纹。新出现浅盘高圈足豆、浅盘矮圈足豆、圈足尊、圜凹底尊、圈足壶、长颈罐、凹底罐、钵、纺轮等。豆类流行浅盘、弧腹、喇叭形高圈足或筒状大圈足。尊类高领外侈，流

行扁折腹，口沿与折腹处宽度一致或稍窄。罐类多圜凹底。年代约为夏代前后期。

第三期：以鸟仑尾 M2、M4 和 M6 为代表（包括鸟仑尾 M1、M3、M5、M7、M11 和狗头山 M4、M5）。陶器以泥质陶占大多数，多外抹陶泥，少量夹砂。纹饰有细方格纹及三角形锥刺纹间成组凹弦纹，少量席纹。典型陶器有尊、罐、钵。新出球腹豆。石器种类趋于多样。本期的鸟仑尾 M2 碳 –14 年代为距今 3550±60 年，约为商代初期。

第四期：以鸟仑尾 M17、狗头山 M3 为代表（包括鸟仑尾 M8、M9、M13 ～ M16、M19 ～ M21、M23，狗头山 M2，松柏山 M3，虎林山 M1、M3、M4、M6、M12）。陶器绝大多数为泥质陶，少量夹砂陶。新出现釉陶和戈、钏、块、环等器类。年代约在商代中期。

第五期：仅虎林山 M16。泥质陶占绝大多数，多施釉，有少量夹砂陶。纹饰趋于统一，流行腹饰条纹，素面器增多。出现浮滨文化最为典型的长颈大口平底尊，广折肩尊及圜凹底尊则已消失。尊类开始趋于瘦长。年代为商代晚期。

第六期：以狗头山 M1、鸟仑尾 M18 和虎林山 M19 为代表（包括鸟仑尾 M10、

[14]　干小莉：《九龙江流域商周时期古文化分期初探——兼谈浮滨类型的年代》，《考古学报》2010 年第 1 期。

分期	豆				尊				壶		
	A	B	C	D	A	B	C	D	A	B	C
七		虎M20:10		虎M20:8				虎M20:1 虎M20:12	虎M20:3	虎M11:4	
六	虎M3:2	鸟M18:7		狗M1:2 鸟M18:6	狗M1:17			虎M19①:2	虎M7:6	虎M15:3	虎M19②:7
五					虎M16:25			虎M16:14 虎M16:9	虎M16:27	虎M16:13	虎M16:6
四	鸟M15:1	虎M1:1	鸟M14:2		松M3:22	鸟M15:2	虎M15:4	狗M3:1	鸟M13:6	鸟M17:9	虎M3:2
三	鸟M4:3	狗M4:2 鸟M2:1	鸟M4:2				鸟M7:13 鸟M2:18				
二	虎M2:9	松M2:6			虎M2:18		虎M2:10		松M1:3		

图三七　漳州青铜时代器物分期图（一）

M12、M18、M22 和 虎 林 山 M5、M7、M8、M13 ～ M15、M17、M18）。多泥质陶，施釉，胎釉结合紧密；豆类中最具特色的是新出现的深折腹豆，数量较多、形态独特，有的口沿堆塑"几"字泥条。本期的虎林山 M13、M18 的碳 -14 年代分别为距今 3040±60 和 3120±80 年，应为商代末期。

第七期：仅发现虎林山 M9、M11、M20 三座墓葬。泥质硬陶占绝大多数，陶器多施釉，纹饰主要为竖条纹。本期出土更多的平底器和泥质硬陶，其中的敛口广肩平底方格纹罐等内涵接近闽粤地区战国时期的同类印纹陶器，故

年代应已进入西周。

上述第五～七期文化即为浮滨文化。

此外，诏安陂里后山墓地大体属于第四、五期前后，约属商代中、晚期遗存；南靖三凤岭 M1 应为第五期以后的遗存，年代约为商代晚期至西周；平和西山墓介于六、七期之间，属于商末至周代；云霄墓林山遗址经碳 -14 年代测定为 2430（±65 年）B.P. 和 2635（±75 年）B.P.，大致相当于西周晚期至春秋初期。

总之，从上述分析可以看出，鸟仑尾、狗头山、虎林山、松柏山四处考古遗址的发现，大大丰富了闽南地区先秦文化的内涵，为

	罐			石戈		牙璋	青铜器
	A	B	C				
七			虎M20:2	虎M20:6			
六	鸟M10:3	虎M14:5	鸟M18:1	狗M1:14　虎M17:8　虎M15:3	虎M19②:6　虎M17:33　虎M17:9	虎M13:1　虎M19②:4	虎M19②:17　虎M19②:18　虎M19②:19
五	虎M16填土:6	虎M16:21		虎M16:33			
四	鸟M8:3	松M3:3		鸟M23:25　松M3:7　虎M3:13	虎M17:2　鸟M16:5　鸟M20:9		
三	鸟M1:4　鸟M2:16	鸟M6:1					
二	松M4:4	松M4:2					
一	松M7:6						

图三八　漳州青铜时代器物分期图（二）

（引自干小莉：《九龙江流域商周时期古文化分期初探——兼谈浮滨类型的年代》，《考古学报》2010 年第 1 期）

探讨福建与广东古代文化的关系、建立闽南粤东地区先秦文化系列具有重要的意义。著名考古学家李伯谦评价说："四座山（指鸟仑尾、狗头山、虎林山、松柏山）、两本书（指《鸟仑尾与狗头山》《虎林山遗址》）为研究浮滨文化提供了重要资料。"我们期待着更多的考古发现，为漳州青铜文化研究增添新资料。

三　漳州青铜文化的特点

漳州地区青铜时代文化，过去绝大多数学者都把它称之为"浮滨文化"，早年也有称之为"浮山类型"。近年来随着虎林山遗址、鸟仑尾遗址等的发现，出土大量代表漳州地区青铜文化的陶器、石器、玉器、青铜器的典型器物，对其文化面貌有了新的认识。陈兆善先生等学者提出以"虎林山文化"来命名，因为虎林山遗址是经过正式发掘，内涵丰富、完全涵盖了这一区域现有发现的同类遗存。其文化面貌具有强烈的地方特色[15]。

第一，居住地、墓地多选择在山冈、台地上，相对高度 30 ～ 50 米，附近有河流。墓葬形制有三类，一类是常规土坑墓葬，第二类是带有腰坑的墓葬，第三类是带有二层台的墓葬。随葬器组合为尊、壶、豆三类。随葬器数量和质量的多少和好坏明显反映出其社会地位的高低。由此看出存在着依贫富或社会地位不等分区埋藏的现象，墓葬情况反映了中原文化和南方地区其他同期文化对本地域的土著文化的影响。

第二，经济生活以农业、渔猎为主。生产工具有石锛、石斧、石凿等，其中以凹刃石锛

为主，也有小部分常形石锛，另有个别石凿等器物。

第三，生活用具为陶器，主要以硬陶为主体，占陶器总数的三分之二以上，而硬陶中釉陶又占了八成左右。器类主要有釜、尊、豆、壶、罐和钵。代表性器形有高领圈足尊、长颈小平底尊、钵形或盆形豆、盘形喇叭足豆、直口短颈或微侈口深腹壶、折腹盆、敞口杯、圈足壶等。陶器的装饰以拍印条纹为主，少见其他纹饰。陶器外表或内壁常见各式刻划符号是其突出特征。

第四，各种形式的石戈非常多见，还有少量石矛和石镞；装饰品有石钏和玉玦两类；出现仿玉石璋这类具有礼器功能的随葬品。

第五，发现了青铜戈、青铜矛和青铜铃等青铜器，首次以确凿材料证明商代晚期的福建和广东地区已进入青铜时代。

[15] 陈兆善、杨丽华：《虎林山遗址》，海潮摄影艺术出版社，2003 年。

漳州窑瓷器的对外输出

吴其生（漳州市博物馆）

一　漳州窑的命名

从 20 世纪 90 年代以来，在中外学术界的共同努力下，漳州地区明清时期古窑址的田野调查、考古发掘与学术研究进一步加强，通过对平和县南胜、五寨窑址的考古发掘，以及与海外沉船、古遗址出土的器物以及大量外销流传到海外的传世品的比较分析，证明蜚声海内外的外销瓷"汕头器""交趾瓷""华南三彩"等的产地就在漳州，这些外销瓷窑口考古问题的解决，引起了学术界对明清时期漳州地区瓷器生产的兴衰、销售市场、艺术价值及其意义进行了热烈讨论。1994 年 2 月，中日学者在福建省博物院就平和县南胜、五寨的古窑址问题共同举办学术讨论会，有的学者提出是把它命名为"平和窑""南胜、五寨窑"或者是"漳州窑""漳州窑系"，在学术界引起重视，会议期间中外学者"普遍认为要确定'漳州窑'的名称，后来更干脆地把会议开成对'漳州窑'的讨论了"。从此一些学者开始确立并使用"漳州窑"或"漳州窑系"名称。这一概念的含义较为广泛，从范围来讲，它包括漳州地区甚至波及邻近相关窑口；从年代来讲，主要是明清时期；产品涵盖青花、五彩、单色釉、素三彩等到各种品类。到目前为止，虽然仍有很大一部分同仁把漳州各县市的窑口用当地的地名来冠名，这是有助于对各县窑址所承载的陶器生产技术等相关信息进行研究，了解彼此之间异同与联系，但综观漳州各青花窑址在瓷器的制作工艺，装烧工艺与窑炉技术等方面，可以发现彼此具有很多的共同性和延续性。根据冯先铭先生对中国窑址的分类方法，将生产相同造型和纹饰的窑址划分为相应的景德镇窑系、龙泉窑系、建窑系等命名方法，把漳州明清时期的古窑址称为"漳州窑"或"漳州窑系"，并以此来全面反映其陶瓷生产的相关信息，明确其在中国陶瓷史的意义和地位是合适的。

二　漳州窑的窑址分布

目前的考古调查和发掘发现，明清时期漳州地区存在着众多的窑址，这些窑场大体可分为两大窑群：即以平和窑为中心，包括云霄、漳浦、诏安等县的窑址，有平和县南胜、五寨、霞寨、官峰、九峰等窑址，漳浦县澎水窑址，云霄高田窑址，诏安县秀篆窑址；以东溪窑为中心的窑群，有华安县上东溪、磜头、下垅、上樟、官畲、华山、内宁等窑址，南靖县下东溪、金山、仙师公、荆都等窑址。这些窑址生产的瓷器产品多数用于以外销，为中国明清时期外销瓷的主要产地之一。

三　漳州窑瓷器的品类与器形

在明代早中期以烧制青瓷为主,兼烧白瓷、青白瓷、白釉米色瓷、酱釉瓷、黑釉瓷等单色釉瓷。从明代后期起直至整个清代品类最为丰富多样,以烧制青花瓷为主,兼烧五彩瓷、素三彩瓷、青瓷、白瓷、青白瓷、白釉米色瓷、酱釉瓷、黑釉瓷、蓝釉瓷等。器形丰富,有盘、碗、杯、碟、盅、盒、盆、罐、炉、瓶、觚、军持、灯盏、绣墩、塑像、文房用具、象生瓷等[1]。

四　漳州窑瓷器的对外输出

漳州窑是中国古代外销瓷的一个重要组成部分,明末清初漳州月港发展成为国际性的贸易港口,漳州窑瓷器的对外贸易也随之繁荣发展起来。通过文献考究和考古发掘,并对漳州窑瓷器外销东南亚以及经由东南亚转运外销线路进行综合考察发现,漳州窑瓷器随着月港的泛海通商已遍及欧洲、非洲、美洲、东南亚、日本等世界各地,并影响着世界各地的文明进程。

（一）欧洲

16、17世纪的欧洲是海上的霸主,从此,漳州窑瓷器随着中欧贸易的发展而飘洋过海,源源不断地被运往欧洲,中国的瓷器一到欧洲就受到贵族阶层的青睐,他们把中国瓷器作为财富、身份的象征,或作为贵重的礼物馈赠,因此出现了一股寻找中国瓷的潮流,他们通过贸易或订单购买中国陶瓷,作为外销瓷应运而生的漳州窑业在其中受益匪浅。

据相关资料记载,1626年荷兰"希达姆号"载运清单中有从漳州河购到的细瓷器12814件;1627年荷兰"德尔夫特号"船载运清单中有各种瓷器9440件,部分购自漳州河[2];1954年出版的T·德尔克所著《瓷器与荷兰东印度公司》一书中介绍,在17世纪约80年的时间内,中国通过荷兰东印度公司输出的陶瓷制品就达1600万件以上,其中不乏闽南漳州地区生产的瓷器[3]。此外还有民间海商的交易更是难以估量。另据考古调查发现:1992～1994年,在菲律宾海域打捞了一艘沉没于1600年的西班牙战舰——圣迭戈号（"SANDIEGO"）舰上所载的5600件陶瓷器中有一批青花瓷器,这些青花瓷器中的一部分碗、碟、瓶、罐、盘等为"砂足器",应是漳州窑的产品,是平和县南胜的花仔楼窑址和五寨的大垅、二垅等窑址所出。

从以上资料可以看出漳州窑与欧洲贸易之频繁,数量之大。目前,欧洲各大博物馆和私人基金会都有收藏大量的漳州窑瓷器,如荷兰吕伐登普利西霍夫博物馆、英国大英博物馆、法国吉美博物馆等（图一、二）。

（二）日本

从目前已知的资料显示,在世界各国中,日本发现的漳州窑瓷器最多,在日本全国近代各大遗址中几乎都有出土,如江户遗址、京都大阪城下町遗迹、堺环濠都市遗迹、博多遗迹群、长崎遗迹等,特别是从16世纪后期到17世纪中叶的遗迹中发掘出土了许多景德镇窑系以外的陶瓷[4],这些陶瓷被称为"芙蓉手""吴须手""吴须赤绘""汕头器""交趾香盒""五

[1]　吴其生:《明清时期漳州窑》,海峡出版发行集团、福建人民出版社,2015年。

[2]　林忠干:《月港兴衰时期的东西方贸易与闽南陶瓷》,《厦门博物馆建馆十周年文集》,福建教育出版社,1998年。

[3]　陈万里:《宋末～清初中国对外贸易中的陶瓷》,《陈万里考古论文集》,紫禁城出版社,1997年。

[4]　〔日〕森村健一:《福建省漳州窑系青花、五彩、琉璃地的编年和贸易——明末清初的汕头器》,《福建文博》1996年第2期。

图一　荷兰吕伐登普利西霍夫博物馆收藏的漳州窑瓷器

图二　英国大英博物馆收藏的漳州窑瓷器

彩·琉璃地"等，通过考古发掘证明其产地就在漳州。日本长崎港是出土漳州窑瓷器最多的地区，长崎港开辟于1570年，起初中国同葡萄牙的海上贸易货船必经此地，1601～1635年，东印度公司的商船以此为据点贩运中国瓷器，于是长崎港成为中国陶瓷行销海外的集散

地，因此在长崎港出土了大量的中国明清时期的外销瓷，据日本的调查，至今还有漳州窑传世品约50000多件[5]。

随着日本幕藩体制的完成，政府逐渐限制

[5]　戴鸿文：《日本收藏漳州窑五彩瓷器选介》，《福建文博》1999年增刊。

图三　印度尼西亚雅加达国立博物馆收藏的漳州窑瓷器

图四　印度尼西亚雅加达国立博物馆收藏的漳州窑瓷器

对外贸易，宽永十年（1633 年）颁布了锁国令，到了宽永十二年（1635 年），进一步强化其体制。明朝商船也只准在长崎港进行贸易，1641 年全面完成锁国政策，以后对外贸易被限定在长崎港，准许进入长崎港的只有荷兰和明朝的商船。江户幕府采取的锁国政策，确立了国家管理贸易制度，并通过贸易途径进口景德镇的青花瓷器，这使得以私人海外贸易为依托的漳州窑系陶瓷进口量锐减，与此同时受德川幕府政策的影响，日本窑业全面崛起，伊万里烧开始大量生产，这也是造成漳州窑陶瓷进口数量减少的原因之一[6]。

（三）东南亚

东南亚地处中西方海上交通要冲，是中国古陶瓷的外销地区，也是中国陶瓷走出亚洲，销往世界各地的重要转运、集散中心。它包括今天的越南、老挝、柬埔寨、缅甸、泰国、马来西亚、新加坡、菲律宾、印度尼西亚、文莱等国家和地区，明代漳州人张燮《东西洋考》以文莱（渤尼）为界，东为东洋、西为西洋。

从考古发现和调查情况看，东南亚发现的漳州窑系瓷器以青花瓷和彩绘瓷为主，分布范围主要在马来半岛、中南半岛等国家和地区，其中又以菲律宾和印度尼西亚为最多见，这与西班牙和荷兰以马尼拉和巴达维亚为转运中心是分不开的。印度尼西亚被誉为中国古陶瓷的仓库之一，根据苏马拉·爱迪文《印度尼西亚发现的 16～17 世纪的漳州窑瓷器》一书介绍，印尼发现的漳州窑系陶瓷主要有青花瓷、彩绘瓷、单色釉瓷、色釉瓷等类型，器形有盘、碗、碟、罐、瓶、军持与盖盒等。如今，在东南亚各地博物馆以及私人收藏家手中仍收藏有不少漳州窑瓷器（图三～六）。

越南在中国与东南亚的贸易中，地位是比较特殊的。由于明政府的海禁政策特别严禁与日本的贸易，为了互通有无，中日民间海商选择了第三地——越南会安进行交易，"这个国家中居住着许多中国人，而且来自福州和漳州的商船也云集于此"[7]。漳州窑素三彩盒从这里起船转运至日本，被日本称之为"交趾香盒"（图七）。1990～1991 年，越南国家打捞公司与新加坡考古学者在越南南部的昆仑岛海域发现并打捞出一艘清代中国尖底沉船，主要船

[6] 〔日〕森村健一：《关于漳州窑系陶瓷在日本的几个问题》，《闽南古陶瓷研究》，福建美术出版社，2002 年。

[7] 〔日〕长崎西川求林斋编辑：《增补华夷通商考》卷三，三井文库收藏。

图五　菲律宾海域出水的漳州窑瓷器

图六　菲律宾海域出水的漳州窑瓷器

图七　漳州窑素三彩香盒

货是清代漳州窑青花瓷器[8]。

（四）印度洋沿岸非洲国家、西亚及美洲

漳州窑瓷器与印度洋沿岸国家的绝大部分联系，是由葡萄牙及后来的英国延续了中国传统的印度洋沿岸的航线，以印度果阿、阿拉伯半岛、东非、南非等印度洋沿岸地区为据点，将中国瓷器源源不断地运回欧洲，因此明清中国陶瓷在这条亚欧大航路沿线的几个重要港口和城市都有所发现，如在东非坦桑尼亚的基尔瓦岛"大清真寺""大房子"遗址出土了许多明清时期的瓷器，其中就有晚明漳州窑青花[9]；在埃及开罗市南郊的福斯塔特遗址发掘出土的数十万片瓷片，其中可以确认有漳州窑瓷器的残片。

在西亚的土耳其伊斯坦布尔托普·卡普·撒莱博物馆所收藏的奥斯曼土耳其帝国遗留下的大量中国瓷器中也有漳州窑系的制品，该资料证明在当时的陶瓷贸易中部分漳州窑的制品也被贩运到伊斯坦布尔来，或者可以推测这些瓷器是奥斯曼土耳其帝国征服埃及以后作为战利品从埃及运到伊斯坦布尔的[10]。

漳州窑同美洲的贸易也是通过欧美船只的转运，西班牙人开辟了一条横渡太平洋的"马尼拉帆船"航线，又称"马尼拉——阿卡普尔科"航线，其帆船由吕宋向东直航，横跨太平洋而达墨西哥西海岸的阿卡普尔科港，再经陆路转运至墨西哥东岸的维拉克鲁斯后，穿越凶险的大西洋而达西班牙首都马德里。中国陶瓷输入菲律宾之后，一般就是经由这条线路销往美洲各地的。如1595年沉没于北美太平洋海岸的德雷克湾的"圣·阿古斯廷"（San. Agustin）号沉船出土了大批的中国明末清初陶

[8]　王新天：《中国东南海洋性瓷业发展史》，厦门大学图书馆收藏，2007年。

[9]　马文宽、孟凡人：《中国古瓷在非洲的发现》，紫禁城出版社，1987年。

[10]　〔日〕金泽阳：《埃及出土的漳州瓷器——兼论漳州窑瓷器在西亚的传播》，《福建文博》1999年增刊。

瓷器；在加利福尼亚州、华盛顿州和哥伦比亚省沿太平洋海岸一带都有不少中国明末青花瓷器出土，主要器形有盘、碗和碟，有些瓷片装饰有与克拉克瓷相似的开光图案，青花瓷片中有一类为胎壁较厚，制作粗糙，器足无釉，粘有沙粒[11]，这便是人们所称的"沙足器""汕头器"。在墨西哥市发现的近现代遗物中有以青花和彩绘为主的中国明清瓷片，不少与漳州窑系产品特征一致，应当亦是通过"月港——马尼拉——阿卡普尔科"航线输入墨西哥的。

五 漳州窑瓷器对世界的影响

中国瓷器一直都扮演着文化传播使者的角色，16 世纪欧洲与东方贸易往来的新航线开辟之后，中国瓷器给世界文化以最广泛、最深刻的影响[12]，这种影响不仅体现在物质文化生活方面，也体现在精神文化生活方面。

在物质文化生活上，中国瓷器对海外的影响最基本的体现是在饮食文化上。中国人民在长期的生活实践中创造出辉煌灿烂的饮食器皿文化，而伴随着中国陶瓷的流传海外，它们对海外的饮食文化也产生了重要影响。明张燮《东西洋考》所载："文郎马神（相当于今天印度尼西亚的加里曼丹）初盛食以蕉叶为盘，及通中国，乃渐用磁器"[13]；"柔佛（即今天的马来西亚）王用金银器盛食，民家磁器，都无匕筯，以手抟之而已。"[14] 这是中国陶瓷通过贸易逐渐影响东南亚当地饮食文化的真实写照。

在精神文化生活方面，中国陶瓷或被作为显示身份财富的象征，或被用于婚礼喜庆用品，甚至还体现在丧葬与宗教生活上。《东西洋考》载："美洛居（即今印度尼西亚马鲁古群岛）东海中稍蕃富之国也，……嫁女多市中国乘酒器，图饰其外，富家至数十百枚以示豪侈。"[15] 考古调查与发现已证实印度尼西亚乃明清福建漳州窑系陶瓷的重要销售地，福建陶瓷受到当地人民的普遍欢迎是不争事实，至今在北苏拉威西地区漳州窑系陶瓷还被用于婚宴上盛放食物。在当今富有的印尼人家庭中，也会把中国瓷器当作装饰品，摆设出来以示身份。当然，更有意思的是在北苏拉威西地区漳州窑系青花大盘还被用作接生之用[16]。《东西洋考》又载："文郎马神（相当于今天印度尼西亚的加里曼丹）又好市华人瓮，画龙其外，人死，贮瓮中以藏。"[17] 说明作为丧葬用品的中国瓷器在东南亚部分地区十分普遍。

漳州窑的兴烧既填补了景德镇等窑口的不足，又满足了海外市场对中、下等瓷器的需求，迅速占领海外市场，并得以传播扩散，为中国外销瓷业画上了隆重一笔，在中国的外销瓷业占有重要的一席之地，是中国外销瓷的一个重要产地。同时，漳州窑瓷器作为中国传统文化的使者和载体，随着"海上丝绸之路"散布到世界各地，也促进了中国与世界的文化交流，为人类文明的进步与发展做出了贡献。

[11] 〔美〕卡尔·罗伯特·奎梅兹著：《北美太平洋海岸出土的中国瓷器》，《闽南古陶瓷研究》，福建美术出版社，2002 年。

[12] 王莉英：《中西文化交流中的中国瓷器》，《故宫博物院院刊》1993 年第 2 期。

[13] （明）张燮：《东西洋考》卷四《西洋列国考·文郎马神》，中华书局，1981 年。

[14] （明）张燮：《东西洋考》卷四《西洋列国考·柔佛》，中华书局，1981 年。

[15] （明）张燮：《东西洋考》卷五《东洋列国考·美洛居》，中华书局，1981 年。

[16] 林清哲：《明末清初福建与东南亚的陶瓷贸易——以漳州窑系为中心》，厦门大学图书馆收藏，2006 年。

[17] （明）张燮：《东西洋考》卷四《西洋列国考·文郎马神》，中华书局，1981 年。

白银时代：闽南外来货币的流通及影响

林南中（农业银行漳州分行）

明中期以来中国不断参与到世界贸易体系中，也开启了白银时代的到来。根据文献记载以及历代石刻碑记和与"番银"相关的田野调查，本文分析了外来"番银"在闽南的流通情况及其对闽南经济和社会文化的影响。

一　白银时代，闽南外来"番银"的流入

明朝初年，货币流通为"钱、钞"并行，朝廷禁止金银作为货币进入市场。明万历《大明会典》记载："禁民间不得以金银物货交易，违者治罪，告发者就以其物给赏，若有以金银易钞者听（严惩），凡商税课、钱（铜钱）钞（宝钞）兼收。"[1] 成化年间（1465～1487年），白银开始成为大宗交易的主要货币，时文渊阁大学士丘濬（1420～1495年）说："以银为上币，钞为中币，钱为下币……而一权之以银。"[2] 说明当时白银本位制已实际上获得实施。嘉靖四年（1525年），官方发布"令宣课分司收税，钞一贯折银三厘，钱七文折银一分，是时钞久不行，钱亦大壅，亦专用银矣。"[3] 说明到了明中叶，白银的货币化已经基本实现。因此，在钱币学界人们把明中叶开始至民国二十四年（1935年）国民政府废除银本位制的这段时间称为货币流通的"白银时代"。

明末的闽南地区，随着商品经济日益活跃，社会经济开始迅速发展。闽南海岸线绵长，但耕地较少，长久以来百姓的生产生活与海洋有着极为密切的关系。此时的漳州月港，"因地僻滨海一隅""官司隔远，威令不到"[4]，附近的一些港湾和海岛，更是官府难以控制到的地方，这样的地理环境反而有利于民间私商贸易的发展。隆庆元年（1567年），福建巡抚涂泽民上凑"请开市舶，易私贩为公贩"[5]的建议，在月港所在地设海澄县治，月港逐由一个民间的对外贸易商港，转变成为官方认可的出海贸易商港。

万历年间（1573～1620年），月港的发展达到顶峰。当时由月港始发的商舶到达海外40多个国家和地区。明周起元说："五方之贾，熙熙水国……所贸金钱，岁无虑数十万"[6]。据统计，万历四十一年（1613年），福建税银6万，而这年月港舶税逾35000两，占当年全省税银的大半[7]。从月港出发的商船，"分贩东西洋"，当地"豪民私造巨舶，扬帆外国，

[1] 《大明会典》卷三十一《钞法》。

[2] 《大明会典》卷二十七《制国用·铜楮之币下》。

[3] 《明史》卷八十一《食货五·钱钞》，中华书局，1974年。

[4] 龙海市地方志编纂委员会整理:《海澄县志》，海峡书局，2017年。

[5] 龙海市地方志编纂委员会整理:《海澄县志》，海峡书局，2017年。

[6] （明）张燮：《东西洋考·序》，中华书局，2015年。

[7] 陈侨森主编：《漳州对外经济贸易简史》，鹭江出版社，1992年。

交易射利"[8]。月港成为了"居民数万家""人货卒聚"的"闽南一大都会"[9]。

明张燮《东西洋考》说："东洋吕宋，地无他产，夷人悉用银钱易货，故归船白银钱外，无他携来，即有货亦无几。"[10]明顾炎武《天下郡国利病书》载："西班牙钱用银铸造，字用番文，九六成色，漳人今多用之。"[11]当时从月港输出的商品主要有丝绸、瓷器、茶叶、砂糖等，从月港进口的货物除了番被、番藤席、黄蜡等海外土特产外，多数就是白银货币。月港与马尼拉之间的这条航线，成为当时最为活跃的一条国际航路。

"番"在漳州泛指海外，从海外流入国内的银元民间便称之为"番银""洋番""番钱""番镭"等等。大量的"番银"源源不断地流入，改变了闽南的传统的货币使用方式（图一）。流入闽南的外来货币，除了贸易"番银"外，还有海外华侨及水客携带现款等种途径而流入的各种形形色色的货币。汇款和通信是维系侨乡与侨居地之间联系的最基本的途径和手段，由此形成了一个由海外侨居地与中国侨乡之间为华侨和侨眷解送批信和批款的跨国侨批输送网络。这种跨国运营的侨批业务，早期由称之为"水客"的个人经营，后来随着业务量的增大，逐步发展成为以企业组织即侨批信局进行经营，并最终形成一个以华人为主体的金融通信行业——侨批业。

19世纪末到20世纪初，是水客最为鼎盛的时期。据不完全统计，当时闽南有水客近千

图一　明清时期流通于闽南的各种番银

人。侨批信局兴盛后，海外华侨的汇款源源不断汇回唐山，侨汇成为侨乡的一个重要经济来源。鸦片战争后，随着国门的打开，我国东南沿海地区大批民众纷纷下南洋到海外谋生。据统计："从1894年到1913年的20年间，从厦门港出发前往海峡殖民地的人数达100多万，同时期从海峡殖民地返回唐山的人数也有45万。"[12]大量而频繁的人员的往来，加上中国内地对白银货币的大量需求，带来了大量的海外货币的流入。

二　闽南外来货币介绍

从16世纪到20世纪初，在长达400年的时间里，海外货币源源不断地流入闽南。《清实录》载："自闽广、江西、浙江、江苏，渐至黄河以南各省，洋钱盛行。凡完纳钱粮及商贾交易无一不用洋钱。"[13]清王潭在《闽游纪略》中也说："番钱者，则银也，来自海舶，上有文如城堞，或有若鸟兽人物者，泉漳通用

[8]　龙海市地方志编纂委员会整理：《海澄县志》卷一《舆地志》，海峡书局，2017年。
[9]　（明）朱纨：《增设县治以安地方疏》，见《甓余杂集》卷三。
[10]　（明）张燮：《东西洋考》，中华书局，2015年。
[11]　（清）顾炎武：《天下郡国利病书》，上海古籍出版社，2012年。
[12]　王付兵：《清代福建人向海峡殖民地的移民》，《南洋问题研究》2009年第2期。
[13]　《清宣宗实录》卷一百六十三，中华书局，1987年影印本。

图二　1653 年西属墨西哥块币　　　　图三　　1752 年西属墨西哥　　　　图四　　1798 年西班牙国王
　　　　　　　　　　　　　　　　　　　　　　8R 双柱地球币　　　　　　　　　卡洛斯四世头像币

之"[14]。"番银"流入的数量之多、国别之众、使用之广为国内罕见。形成独具闽南特色的"海丝"遗珍。

根据调查，闽南外来货币的主要来源地有：欧洲的葡萄牙、西班牙、荷兰、神圣罗马帝国、奥地利、英国、法国、意大利、梵蒂冈等。亚洲的日本、朝鲜、琉球、吕宋（菲律宾）、海峡殖民地（马来亚）、沙捞越、文莱、印尼、越南、暹罗、柬埔寨、法属印度支那、英属香港等。美洲的墨西哥、秘鲁、智利、玻利维亚、危地马拉、美国。非洲的毛里求斯。

早期流入闽南的海外"番银"中，较早是一种西班牙的"块币"（图二）。"块币"大多为西班牙在美洲的殖民地所铸造，铸造时间始于 1535 年。"块币"采用手工打制，正面图案为十字架，故该币在中国古籍中又被称为"十字币"，其十字对角分别铸有狮子和城堡图案，背面是早期西班牙国徽图案。"块币"的形状大小并不规范，类似闽南一带固定锄头的锲子，因此闽南百姓形象地称其为"锄头锲仔银""锄头钱"等。

"块币"初入闽南，起初仅充当银块按重量秤重使用，而后由于"块币"可以按枚计算

的特点，逐渐取得以个数流通的地位，由于方便交易，百姓乐于使用。

1732 年，西班牙改版铸造"地球币"（图三），该币采用新型造币设备铸造。其边齿图案是西班牙国花百合花，因此在闽台民间又将其称为"花边银"等。"地球币"铸造至 1771 年结束。由于"地球币"制作精美，成色和重量统一，较之手工打制币更易于交易及计算。随着世界贸易规模的扩大，"地球币"在世界各地广为流通，并成为当时众多国家的流通币和世界贸易的主要结算币。"地球币"的重量单位和样式对后来的世界铸币产生过重要的影响，由币面双柱图案演化为货币元的符号"$"，至今仍被世界上 50 多个国家和地区使用。

1772 年"地球币"改版铸造币面图案为西班牙国王头像币（图四）。由于闽南民间并不认识币面上的人物，于是人们就将这种国王头像图案的货币称之为"佛银""佛头银""佛面银""鬼脸钱"等各种称呼，"头像币"历经卡洛斯三世、卡洛斯四世和菲迪南七世至 1833 年停止铸造。

早期流入闽南的"番银"，较为知名的还有荷兰的"马剑"银币（图五）。清漳州人王大海说："荷兰以银铸圆饼钱，中有番人骑马

[14]　（清）王潭《闽游纪略》。

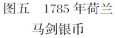

图五　1785年荷兰
马剑银币

图六　1868年墨
西哥"鹰洋"

图七　1911年英国
"站洋"

图八　明治三十七年
（1904年）日本"龙银"

持剑，名曰马剑。"[15] "马剑"铸于1659年，1798年停止铸造。该币正面为手持宝剑，全副盔甲的骑士图案；背面中央是盾徽，盾徽下方为铸造年份。"马剑"币重32克，合中国库平8.67钱。由于"马剑"币成色好，重量足，因此，该币大多被民间用于储存或者熔化改铸为其他银饰品，故存世较少。继"马剑"之后，荷兰发行了国王头像的系列银币。在漳州民间，荷属印尼的银币被称为"和银"。

1821年墨西哥脱离西班牙独立后，西班牙国王头像币停止铸造，1823年墨西哥开铸"鹰洋"（图六），该币正面为仙人掌与衔蛇的老鹰，背面是光芒四射的自由帽。"鹰洋"发行后，迅速取代西班牙"本洋"的地位，在东南亚、东北亚及中国迅速流通开来，并成为中国各大中城市的标准货币。

鸦片战争后，在华侨人数众多的东南亚，除了"鹰洋"，英国的"站洋"（图七）、法属印度支那"坐洋"、荷兰盾等也在各自的势力范围广为流通。而中国东邻的日本在明治维新后所铸造的日本"龙银"（图八），这些货币成为闽南一带最为主要的外来货币。

三　闽南外来货币的对社会生活的影响

外来货币在闽南的流通，记录了闽南与海外进行贸易往来和人员交流的历史，对闽南的社会经济、生产生活产生了广泛的影响。闽南外来货币不仅融入了百姓的生活习俗之中，同时也助推了中国货币由银两制向银元制的演进。

（一）漳州古建筑碑记上的"番银"记号

在漳州台商投资区的龙池岩寺，有一方清康熙三十五年（1696年）重兴龙池古刹碑（图九、一〇），该碑花岗岩质，高2.18米、宽0.94米，内容记载了海内外信众捐资修筑龙池古刹的事迹。根据碑记叙述，时旅居南洋的郭天榜、林应章捐资重建龙池岩寺。"郭讳天榜、林讳应章各舍大钱贰百壹拾伍员"，"大钱"指的是"大番银"，为当时流通于东西洋的荷兰、西班牙银元。此外捐资款有"白金"字样，"白金"即为"白银"，指的也是当时流入闽南一带海外货币。此碑上的货币单位"员"字，是目前漳州所发现的最早有"员"字样的碑记。

在今漳州华安县仙都镇慈西庵中，有一方乾隆四十七年（1782年）慈西庵碑（图一一、

[15]　（清）王大海：《海岛逸志》，1806年漳园收藏版。

图九　龙池岩寺

图一〇　重兴龙池古刹碑

图一一　漳州市华安县仙都镇慈西庵

图一二　慈西庵碑

一二），内镌刻有："十三郎公银二中、太学生刘锡良二中、树喃四中、底天三中、见龙三中、吾受三中、绢老三中……树箭百六、树整八中另钱百七。"此外在漳州台商投资区角美镇东美村东美宫立有乾隆四十九年（1784年）的《捐修碑记》（图一三），上面的几十号捐金人都是捐多少"元"，其中还有"徐必达捐金三大元半""徐必龙捐金二元半"这样的文字。"中"和"半"指的是半元，说明当时辅币已参与流通并从沿海一带流入到内地。

芗城区官园威惠庙有一方清嘉庆六年（1801年）的石碑（图一四），上面的捐款数额都是银元，其中许多捐资额使用到"角"币。"角"作为货币单位，在当时的清廷官方正式文献里面是还没有出现，当时清廷还处于银两制时期，说明漳州将"角"作为货币单位的使用在国内是开了先河。

按清官方的规定，直到宣统二年（1910年）发布的《币制则例》才确定："中国国币单位，着即定名曰圆……以一元为主币……元角分厘各以十进。"[16]而闽南使用货币名称"元""角""占"（分的意思），甚至在《币制则例》出台前100多年就已经出现。

在我国传统"银两制"制度下，白银的重量称两、钱、分、厘等，铜钱称文（枚）、串、

---

[16]　（清）宣统二年《币制则例》。

图一三　漳州市角美镇东美村东美宫
《捐修碑记》

图一四　漳州市芗城区官园威惠庙石碑

图一五　漳州军饷银币

吊。白银兑换流通时，需经称重和检验成色等复杂的程序。而"番银"使用的"银元制"，其重量、成色标准化，且样式精美，适应了商品经济发展的需要。在番银率先使用的闽南地区，"番银"在流通中的优势地位已充分显现。于是在当时同属福建的台湾、漳州相继采用手工打制的方法，铸造了"台湾寿星""漳州军饷"（图一五）等银元。这些地方铸币，虽然流通范围并不广，但它在近代银元发展过程中起到先导的作用，是中国货币铸造从传统的银两制向银元制过渡的有益尝试，在中国的货币史上占有极其重要的位置。

（二）"番银"影响百姓文化生活

"番银"的流入对闽南的经济、金融、文化、民俗产生了重大的影响，与闽南百姓的衣、食、住、行等方面形成交融。

闽南方言将"钱"读作"镭"，其读音源自西班牙货币单位 Real 的发音。从清中叶至民国初期，闽南地区官方以及民间交易、纳税、商贸等经济活动，大多以"番银"作为结算货币，这从当时的碑记、契约文书以及银票、借据等记载中出现的"花边银""佛银""龙银""英银""大洋""银"等货币称谓可以得到印证（图一六）。

"番银"在漳州还融入许多民俗功用。如女子出嫁时，装嫁妆用的箱子四角要放置银元来"压箱底"。有的用银元来"滚床"，寓意招财进宝；有的将银元焊成"八卦""七连贯"银链（图一七）给小孩佩带，用来驱邪、祈福；还有用银元煮水给小孩喝，用以"压惊"。

在闽南的古代建筑上，也有许多地方反映了外来文化的影响，如闽南各地的许多"番仔楼"建筑（图一八）。此外，"番仔"的人物形象，也大量应用在建筑、雕像、年画等各种

图一六　清乾、嘉时期漳州民间地契中的"花边上银"
"佛银""佛面银"等货币称谓

图一七　"七连贯"
银链

图一八　勇壮简易牌坊上
头戴礼帽的卷发洋人形象

图一九　建于清代乾隆年间的锦宅村"进士第"
门前石鼓上的"洋人献宝"图

图二〇　漳州木版年画"招财王"
中的"番仔"形象

民俗用途之中。在漳州市芗城区新华东路的"勇壮简易"和"楚滇伟绩"牌坊，存有八处洋人形象的雕刻（图一九），有的手托银元，有的正在与漳州商人交易情景。在今漳州台商投资区锦宅村的黄氏"进士第"、龙鹫堂等也有多处洋人形象的雕塑（图一九），在明清时期漳州的木版年画中，有一幅"招财王"作品，图中财神爷端坐于狮子上面，手持蕉叶，财神身旁是凸鼻凹眼的"番人"手捧银钱、贝壳、珊瑚等宝物（图二〇）。在漳州还发现有一种"番仔"形象的木雕，当地称为"憨番献宝"。闽南地区众多富有地域特色的"番仔"遗存，形象地佐证了明清时期闽南海洋文化的特性。

四　结语

货币具有充当价值尺度和流通手段的基本职能，它不仅便利人们的生产和生活，也促进商品经济的发展。有学者说"货币是贸易之血，贸易是货币文化交流的基础"。白银货币化的形成，是中国参与第一次经济全球化建构的过程。闽南早期流通的外来货币，反映这一过程中各类外币的使用情况以及币种的盛衰更替，是明清时期至近代闽南海洋文明发展变迁的缩影，有着鲜明的时代印记和深厚的文化内涵，值得我们加以进一步挖掘和研究。

丹青翰墨香如故——漳州市博物馆书画藏品述要

陈玲（漳州市博物馆）

漳州地处我国东南沿海，是第二批国家级历史文化名城，深厚的文化底蕴，孕育了一批批卓有成就的书画家，留下了大量的丹青墨宝。历经30多个春秋，我馆的书画收藏积淀不菲，现有馆藏精品书画1000多件，从其来源可分为传世旧藏、社会捐赠、有关部门移交与征集，尤以传世旧藏、社会捐赠的，体现艺术价值和家国情怀的书画藏品最为珍贵。

一　传世旧藏

漳州市博物馆于1988年成立后，市图书馆移交近1000件文物给我馆，其中书画有19件，这也是我馆最早的一批馆藏精品。虽然数量不大，却不失为精品，其中典型的书法作品代表有自成一家的明代书法家黄道周的《正六事八章》和独具一格的清代"诏安画派"的经典著作《清康瑞设色芦雁图轴》《清沈锦洲设色双凤图轴》《清谢琯樵墨荷图轴》《清马兆麟设色双猫图轴》等。

（一）黄道周与《正六事八章》

黄道周（1585～1646年），福建省东山县人，字幼元，号石斋。明天启二年（1622年）成进士，先后在天启、崇祯朝官至翰林院编修、右中允、少詹事。南明隆武朝官至武英殿大学士兼吏、兵二部尚书。他为官清正，不偕流俗，忠言直谏，多遭贬谪。明亡，隆武即位福州，黄道周以大学士自请率兵北上抗清，不久在江西省婺源兵败被执，押到南京。临刑前血书"纲常万古，节义千秋，天地知我，家人无忧"慷慨就义，四年后归葬漳浦北山。

黄道周一生潜心天文，精通易学，工书善画，是明末杰出的学者。他的著述极为丰富，有四十几种行世，其中《三易洞玑》等十四种收入《四库全书》。同时，他也是著名的教育家，半生讲学于浙江的大涤书院，漳州的邺山讲堂，漳浦的北山、东皋等地，弟子遍及海内。黄道周的一生以文章风节高天下，被乾隆皇帝称为"一代完人"。此外，黄道周还是位著名的书法家，他的书法在取法上，冲破二王樊篱，把触角伸向曹魏钟繇、西晋索靖，对笔法、字形、章法都做了新的探索，大量使用侧锋起笔，翻折转笔，字势呈右抬横向，字间距密而行距疏，取法高古，从中确立了新的书法审美取向。创立了"黄漳浦体"，为晚明书坛带来一股新的气象，同时对清代和近现代书坛亦影响深远。黄道周留传的长篇行草极少，我馆珍藏的这幅《正六事八章》是现存的少数长卷之一，长181厘米，宽26.8厘米，全篇共448字，古拙奇崛，雄肆无匹：

肃乂谁能定雨阳，斯民未变猖。官因猎得能无害，赋以征求合偿。

小暑前犹存酷吏，三星今自照群羊。绣衣使者倾山岳，未报随车为一方。

圣世苞苴雅自弹，饿麟岂复问飧餐。良臣报主惟，高士无家何必官。

谷屋随人应有命，俸薪隔岁未全殚。怪将纸尾寻常事。扫得屏翳不忍看。

莫从举劾滞云雷，好恶亦从星宿成。朱鸟饵蝗何足怪，青霜破暑为谁哀。

盘螭托柱能润礎，石燕啣风别上台。十五诸侯闲述职，不教偋彼自昭回。

簪笔石郎亦有权，葳蕤灵琐与天连。不随仗马鸣嘶去，忍对毒龙自在眠。

一语千秋停衮钺，无言白日悟渊涓。不知多少波涛事，碍却云霓慰倒悬。

关中荒久塞民劳，南料频多召买嚣。睿照能知鼠雀，云根未洗犬羊臊。

莫将征旆停娶纬，不以降胡累马曹。天意叮咛从此极，无方霹雳下神皋。

灾旱多为臣庶尤，已闻此说自春秋。岱宗肤寸销云雨，殷旭中霄诉斗牛。

紫极何关嘘噏事，勾陈不作滂沱愁。洛阳刘傅安在也，十二条颁昔上头。

该诗创作于明崇祯四年（1631 年），闽南遇罕见大旱灾，延绥一带连年灾荒，这期间伴随着瘟疫流行、蝗虫灾害猖獗，社会动荡，百姓流亡，民不聊生，可朝廷大臣们却毫无作为，作者病中依旧忧国忧民，表达了其意欲重建纲常秩序，挽救晚明的迫切心理。

（二）诏安画派

诏安县历史悠久，书画艺术源远流长，素有"书画之乡"美称。诏安书画之风兴于唐代，至明清时期达到鼎盛。从康熙至嘉庆（1662 ～ 1820 年）100 多年间，康瑞、刘国玺和沈锦洲三位画家开创了"诏安画派"的先河，其中沈锦洲及其弟子在先辈画家的基础上，糅合宋院体工笔画风，形成诏安画学典范。此后，经沈瑶池、谢琯樵等人发扬光大，又经林嘉、马兆麟等人吸纳海派"没骨"技法，使"诏安画派"兼工带写、鲜明妍丽、雅俗共赏，以其独特的风格屹立于中国书画艺苑。其绘画艺术对福建、粤东、台湾以及东南亚等地颇有影响。

沈锦洲（19 世纪初），福建诏安人，对诏派画坛影响甚大。初擅工笔花鸟，亲法宋本，以画牡丹、凤凰著称。中年宗承徐渭写意泼墨淋漓的画风，兼工带写，喜作水墨花卉。画作凝炼浑朴，布局谨严，用笔遒劲，赋色明丽。一代名家谢琯樵、沈瑶池都曾拜他为师，后辈画家吴天章、谢锡章等也受其画风影响。我馆珍藏的这幅《清沈锦洲设色双凤图轴》，长 146.5 厘米，宽 84.5 厘米，造型精美，设色华丽，为"诏安画派"的经典之作。

谢颖苏（1811 ～ 1864 年），号懒樵、懒云山人、北溪渔隐等，初字管樵，后改琯樵，诏安人。其擅书画，精诗文兼工篆刻，时有"诗书画三绝"之誉。所作花鸟形态生动，着色淡雅，有华嵒之韵致。所写墨竹、花卉，落笔劲挺挥洒自如，具郑燮、黄慎之豪逸。所绘山水、人物，颇具宋元遗韵。谢琯樵多才多艺的各种专长，带给台湾早期书界画坛一股朝气蓬勃的活力，尤其他的绘画作品提诗论画之造诣，对台湾早期艺坛影响巨大，贡献卓著，堪称为台湾画坛开山鼻祖。我馆珍藏的这幅纸本《清谢琯樵墨荷图轴》，长 117.5 厘米，宽 63.2 厘米，画中的水墨塘荷浓淡相间，参差交错，笔墨豪放写意，墨色淋漓，并在画的一侧提有诗句：素花多蒙别艳欺，斗花端合在瑶池。无情有恨何人见，月晓风清欲坠时。这种诗画相配，正是诏安画派的风格。

马兆麟（1837～1918 年），福建东山人，字瑞书，号竹坪。善花鸟走兽，一时画名藉甚。亦作山水，孤冷幽淡，作品流传广泛。素有诗、书、画三绝之称，是诏安画派出类拔萃的代表人物。我馆珍藏的这幅《清马兆麟设色双猫图轴》，长 149 厘米，宽 80 厘米，构图奇骏，双猫描绘别出心裁，栩栩如生。

二　社会捐赠

游子千里梦，依依桑梓情。自 1988 年成立以来，我馆收到沈福文、周碧初、沈柔坚、翁境晖、沈一丹、陈吉、沈钢、蔡宝国、林玉梅、沈钊昌等艺术家捐赠珍贵书画近 600 幅，占总收藏比重近六成，大大充盈了我馆的书画馆藏。其中以漳籍艺术家沈福文、周碧初、沈柔坚无偿捐献的近现代书画名家作品，数量较大，极具艺术价值，弥足珍贵。

（一）沈福文

沈福文（1906～2000 年），福建诏安人，原四川美术学院院长，擅漆器工艺，我国老一辈革命艺术家，是第一个将漆艺搬上高校讲坛的教育家，中国漆器艺术家。他在青少年时代受到传统中国画和西方美术的系统训练，参加"一八艺社"期间从事现代美术创作，东渡日本留学时接触到了现代漆艺，这些艺术经历对他日后的漆艺创作有着深刻的影响。此外，他还开创了中国工艺教育之先河，将漆艺教育引入中国高等教育，创造了独树一帜的研磨彩绘和工艺系统，并培养了杨富明、萧连恒、李大树、何豪亮、王和举、陈恩深等一大批现代漆艺家。他的作品融中国民族漆艺技术和日本髹漆技艺为一体，形成了浑厚朴实、深沉润泽的风格，被誉为"现代艺术的结晶"。其主要作品有《晨曦盘》《松鹤太阳盘》《金鱼大漆盘》《长江三峡神女峰下》《六蝉堆漆绿彩嵌金花瓶》《堆漆金鱼》等。

"半世珍藏，一朝奉献"沈老先生心系桑梓，将他晚年珍藏的 303 件近代中国名家名画无偿地捐赠给漳州市博物馆，其中有关山月《1987 年关山月墨色梅花图轴》，黄胄《1973 年黄胄墨色毛驴图轴》，关良《1979 年关良设色小放牛图轴》，黄君璧《现代黄君璧设色雨后溪声图轴》，李苦禅《1972 年李苦禅设色芭蕉竹鸟软片》，李可染《现代李可染设色牧牛图轴》，常书鸿、李承仙《1988 年常书鸿、李承仙合绘设色敦煌飞天图镜片》等名家名作，也有自己的《1979 年沈福文墨色巫峡神女峰图轴》《1988 年沈福文墨虾图镜片》等两幅墨宝。

（二）周碧初

周碧初（1903～1995 年），福建平和县人，中国著名油画家、美术教育家，也是中国油画的先驱者。他启蒙于乡村私塾，后留学法国，师从约纳斯、罗隆教授，与徐悲鸿、颜文梁、林风眠等皆同窗好友。他博采众长，极大地提高了审美的修养和绘画技能。学成归国，参与徐悲鸿等发起的"默社"画会，并多次举办个展。继而侨居印尼 10 年，创作了大量风格独特，色彩绚烂的佳作，是他个人艺术生涯的一个巅峰时期。后再次回到阔别多年的祖国，他把拳拳爱国之心凝结在了美术教育和油画创作上。他言传身教，辛勤耕耘，孜孜不倦，桃李满园，可谓"三尺讲台丹心挚，一生丹青水墨歌"。他融会中西，细腻描绘，大胆变法，作画豪放，信手挥洒，不拘泥于形式，笔端又常带诗意，作品颇富中国韵味，他的油画创作集师德、师功、师魂于一身，蕴藏着强烈的情感和深厚的功力，为中国油画教育体系的创立和发展做出宝贵的贡献。其水粉画《苹果》、油画《桃》《春色》被上海市美术馆收藏。1992 年江苏省美术馆收藏其油画《梅园新村》，1992 年周碧初艺术馆于福建省平和县落成。著有《油画概论》等书，出版过多种个人书集。

"画如其人，人如其画。"周先生的思想与为人跟他的作品风格一样，既深邃又回味无穷，使人敬佩。他崇尚自然，淡泊名利，却热心于家乡文化艺术事业的建设，先后三次将自己多年珍藏的如吴昌硕《梅花寿桃》、黄宾虹《1944 年黄宾虹墨色山水图轴》、齐白石《1951 年齐白石墨色青蛙图轴》、徐悲鸿《1948 年徐悲鸿设色奔马图轴》等极具收藏价值的名家字画 39 幅及自己油画作品《印尼火山口》《鼓浪屿风光》《花卉牡丹》等 3 幅无偿地捐赠给家乡漳州市博物馆，给家乡的文化宝库增加了璀璨的光芒。

（三）沈柔坚

沈柔坚（1919～1998 年），福建诏安人。我国老一辈革命艺术家，著名版画家。他自小爱好国画，在新文化运动思潮的影响下转学西画，嗣后在鲁迅倡导下又作版画。抗战期间参加新四军从事美术创作，创作了大量红色题材的作品，被称为"战士画家"，新中国成立后，他潜心研究，"吸取众长为我所用"，将中国传统水墨与印象派、后印象派色彩相结合，创作了大量独具风采的作品。其国画创作溶化近现代西方色彩构成方法，采用"嫁接""合成"之法，屡出新意，他着力于意、韵、笔、墨的表现，画面不受时间的约束，纵横写意，超越自然，使艺术的表现更宽广，力求画出自己心中的意象。绘事融汇中西之长，以其版画之雄浑古朴参入传统笔墨，所作山水、花果，章法新颖，笔墨纵恣奔放，于豪率中见精微，于沉

郁中见清远，自具面目。曾荣获"全国版画展优秀奖""中国新兴版画杰出贡献奖"等。其作品曾多次在国内外展出和在报刊上发表，并入选法国巴黎春季沙龙美展等，为中国美术馆及法国、意大利、英国等国家美术博物馆收藏。并主编有《辞海》美术科目，《中国美术辞典》等。

只有热爱故乡的人，才能热爱祖国；只有挚爱故乡的人，才能成为出色的画家。沈先生浓浓的乡情，一直萦绕心头，他在生前曾表示为报答乡情，愿意无条件捐赠部分书画作品。1999 年 8 月，沈柔坚的家人将沈柔坚生前 2000 余册藏书捐献给漳州市图书馆，设立"沈柔坚艺术资料室"，并向读者开放。2008 年 5 月，沈柔坚的夫人王慕兰践约将 87 幅书画作品捐赠给漳州市政府，并在漳州博物馆设沈柔坚作品陈列室。其中不乏反映家乡题材的作品，如《当代沈柔坚设色漳州红楼图镜片》《当代沈柔坚设色闽南故乡所见图轴》《当代沈柔坚设色闽南山区一景图轴》《当代沈柔坚设色闽南小景图镜片》等，可谓丹青满含故乡情。

三位老先生在神圣的艺术殿堂里久久为功，没有姓名的显、隐，没有地位的尊、卑，不计前程的成、败，跃动的心，沸腾的血，与生俱来的就是为了艺术而献身，甘为孺子牛，为国家培育了众多的艺术人才，桃李无言，下自成蹊。三位老先生不计功利名位，无私奉献而德泽后世，先生们的风范感染了何止一代人，犹如宋陆游《卜算子·咏梅》："无意苦争春，一任群芳妒，零落成泥碾作尘，只有香如故。"这就是老先生们的家国情怀与精神风范，值得我们怀念、传承与弘扬。

漳州市博物馆馆藏精品书画是馆藏文物资源的重要组成部分，承载着中华民族优秀的传

统文化，是人类共同拥有的宝贵历史文化遗产。系统梳理、深入挖掘和阐发文物资源承载的历史文化价值和时代价值，展示中华文化独特魅力，增强民族文化自信，让收藏在博物馆里的文物活起来，是时代赋予我们每一个博物馆工作者的重要使命。

参考文献

[1] 林明才：《周碧初艺术人生》，海峡出版发行集团海峡书局出版社，2015 年。

[2] 沈柔坚：《柔坚画谭》，上海书店出版社，1990 年。

[3] 黄立成：《略论黄道周书学思想与书法风格》，《闽南师范大学学报（哲学社会科学版）》2020 年第 1 期。

[4]（明）黄道周：《黄道周集》，中华书局，2017 年。

[5] 季晓蕙：《周碧初九十三年——勤奋的艺术人生》，《美术》2003 年第 9 期。

[6] 张隆基：《独树一帜的著名油画家周碧初先生》，《美术》1984 年第 2 期。

[7] 林明才：《周碧初的油画艺术》，《漳州职业技术学院学报》2012 年第 3 期。

[8] 杨可扬：《勇于探索 敢于创新——沈柔坚的艺术道路》，《漳州职业技术学院学报》1999 年第 1 期。

[9] 戴恒扬：《沈柔坚的绘画艺术》，《美术》1993 年第 9 期。

[10] 程十髪：《伴随时代的艺术追求——记画家沈柔坚》，《今日中国（中文版）》1993 年第 8 期。

玉石器

 旧石器时代莲花池山遗址石器

旧石器时代（距今 300 万～ 1 万年）。漳州市芗城区莲花池山遗址出土。质料为脉石英。据考古发掘地层测定石器年代为距今 40 万～ 20 万年。2 块石器是古人经过人为加工，砸击形成锐利面，用于生活中切割物品的工具。莲花池山遗址是福建省目前发现最早的旧石器时代遗址。

 旧石器时代刮削石器

旧石器时代（距今 300 万～ 1 万年）。漳州地区采集。质料为燧石，质密、坚硬，多为灰、黑色，敲碎后具有贝壳状断口，具有刃状特点，可用于刮削切割，所以古人把在大自然中容易得到的燧石进行加工制成刮削器。

青铜时代石锛

长 18.3、宽 7.2、厚 2.1 厘米

 青铜时代三棱石矛

长 21.2、宽 2.7、厚 1.5 厘米

 青铜时代石矛

长 9.0、最宽 4.1、最厚 0.9 厘米

 青铜时代穿孔石戈

长 19.1、宽 3.7、最厚 0.7 厘米

青铜时代（距今 3200～3000 年）。漳州市虎林山遗址出土。质料为角岩化粉砂岩，磨制而成，礼器、兵器。细长体，似戈又似矛。内援分界，内小于援，长直内，直援，折收锋，介于无阑和有阑之间，隆脊，内有一穿。甲骨文已有干和戈字，干为分叉木枝，用于防御，后来演变为盾，戈为进攻之物，后世在戈的基础上进行了多样兵器的演变。《礼记·檀弓下》："执干戈以卫社稷。"

 青铜时代穿孔石戈

长 35.3、最宽 8.5、厚 0.7 厘米

 青铜时代玉戈

残长 13.8、宽 5.5、最厚 0.7 厘米

青铜时代（距今 3200 ～ 3000 年）。漳州市虎林山遗址出土。质料为粉砂岩，磨制精细，礼器。玉石是远古人们在利用选择石料制造工具的长达数万年的过程中，经筛选确认的具有社会性及珍宝性的一种特殊矿石。古人认为玉有五德：仁、义、智、勇、洁，玉有防妖避邪的作用。《说文解字》释玉为"石之美者，玉也"，不同于现代矿物学的玉石概念。

 青铜时代石璋

残长 52.0、宽 13.8、最厚 1.5 厘米

青铜时代（距今 3200～3000 年）。漳州市虎林山遗址墓 M13 出土。该墓木炭碳 -14 测定年代为距今 3200～3000 年的商代晚期。质料为粉砂岩，磨制而成。整体宽扁，由下至上渐宽，柄部及顶部皆有残损，有裂痕，柄部较短，柄顶端处为界，其中一面可见两道定位线，阴线浅槽尽处于两侧出齿，有三道齿，近柄处两道皆为三齿，最上方一道为单齿。下方近柄顶端居中有一穿孔，孔洞平直，两面对穿有错位，呈层台状。璋是古代礼器之一，可以反映墓主的身份和地位，该墓主人应是当时的头领人物。此璋是华南地区目前已发现的最大石璋，弥足珍贵。

 青铜时代石钏

长 8.1、弧长 9.3、宽 4.4、厚 0.8 厘米

青铜时代（距今 3200～3000 年）。漳州市虎林山遗址出土。质料为叶蜡石，磨制而成。单体器物呈拱弧状长方体，一般由 4 件组成环状一件套的臂饰。东汉服虔《通俗文》载：臂谓之钏。

 青铜时代石玦

外径 6.3、内径 3.2、厚 0.3 厘米

 宋浅浮雕鱼纹椭圆形石盖盒

口径 6.7、底径 6.3、高 1.5 厘米，盖口径 6.8、盖高 0.7 厘米，通高 2.0 厘米
宋代（960～1279 年）。质料为粉砂岩。椭圆形、子母口。盒盖面用浮雕与阴刻
技法制作出鱼游图案；盒身素纹，浅腹平底。古时盖盒多用于文房、闺房，用于
收纳香墨、香料、胭脂水粉等物品。

 明玉带板（附铜扣）

最大长 9.6、宽 2.9、最小长 1.6、宽 2.9、厚 0.5 厘米

清高浮雕螭纹 玉璧

 直径 4.2、厚 0.7 厘米

清双面雕蝴蝶形 玉佩

长 9.6、宽 6.7、厚 0.4 厘米

 清菊瓣形玉佩

直径 5.6、厚 0.41 厘米

清透雕福庆纹锁形玉佩

长 6.8、宽 5.2、厚 0.5 厘米

清透雕福寿纹圆形玉佩

直径 5.7、厚 0.5 厘米

清如意纹玉带钩

长 8.9、宽 1.8、高 2.0 厘米

清花卉纹玉盖碗

口径 10.4、底径 4.1、碗高 5.7 厘米，盖口径 10.2、盖高 2.7 厘米，通高 8.7 厘米

清代（1644～1911 年）。质料为和田白玉。盖与碗皆薄壁，器表采用浅雕手法雕饰折枝花卉。碗含盖，口径大于盖径，合附严紧，瑾深壁薄，泛琼浆时可与器表花卉互窗。器身白处褐黄之色，有络之处更甚。清代盖碗多为瓷乐，玉乘较少见。

清如意头玉发簪

长 11.7、宽 2.7、高 1.9 厘米

清玉发簪

长 15.2、宽 1.2、高 1.0 厘米

清玉杯

口径 4.8、底径 2.4、高 3.4 厘米

清透雕蟠螭双耳带盖玉扁瓶

口径 8.8、底 13.0、高 25.3 厘米，盖口径 8.8、盖高 5.7 厘米，通高 30.4 厘米

清代（1644～1911 年）。质料为和田青白玉。工艺细致，采用了透雕、浮雕、镂雕、掏
膛、俏雕等多种复合技法。盖为小纽平顶，状如倒扣杯盏，子母口。瓶身为唇口，短颈附
双如意耳，丰肩两侧走蟠龙，圈足之上出云峰，峰为怪石峰，最是精湛为云螭，云上有螭，
比翼成双，上下翻覆，螭分大小，大者赶珠，小者无角，云峰连绵螭龙攀附，仙境跃然。
器身虽有多道裂线，但不失为一件佳器。

 清持如意玉童子立像

底径 6.2、高 15.4 厘米

 清高浮雕双螭纹玉鼻烟壶

口径 2.2、底径 3.7、高 9.5 厘米

 清松鹤纹长方形端石砚

长 20.8、宽 13.5、高 5.3 厘米

 清石蹲狮

长 14.5、宽 11.5、高 17.4 厘米

 清光绪五年浮雕花鸟纹长方形四足石香炉

口径 32.0、底径 31.7、高 23.5 厘米

 清浮雕花形石门当

直径 19.8、高 13.0 厘米

 **清浮雕花形石门当**

直径 18.0、高 11.0 厘米

 清浮雕夔纹抱鼓石

底座 34.0×42.0、高 133.0 厘米

 清浮雕人物故事八角形石柱础

底座直径 40.0、高 40.0 厘米

 清透雕麒麟石窗

宽 87.0、高 41.0 厘米

 清高浮雕八仙石门堵

宽 31.0、高 48.0 厘米

清代（1644～1911 年）。质料为玄武岩。采用浮雕、镂雕、透雕等工艺手法，雕饰道教八仙人物图案。八仙是民间传说中喜闻乐见的神仙人物，明代以前八仙的传说不尽统一，直至明代吴元泰《东游记》始定明确了人物角色身份，为铁拐李（李玄）、汉钟离（钟离权）、张果老（张果）、吕洞宾（吕岩）、何仙姑（何琼）、蓝采和（许坚）、韩湘子、曹国舅（曹景休）八仙。门堵一般为各类较高规格门或影壁上的建筑构件。古人将八仙题材雕于门堵之上意加持福气，寄托美好寓意与祝愿。

 清浮雕人物花鸟石门堵

宽 65.0、高 81.0 厘米

 清石雕西洋兵柱状建筑构件

长 4.0、宽 14.4、高 38.4 厘米

 清广东左翼总兵官吕孝德夫妇石墓志

宽 45.0、高 79.0 厘米

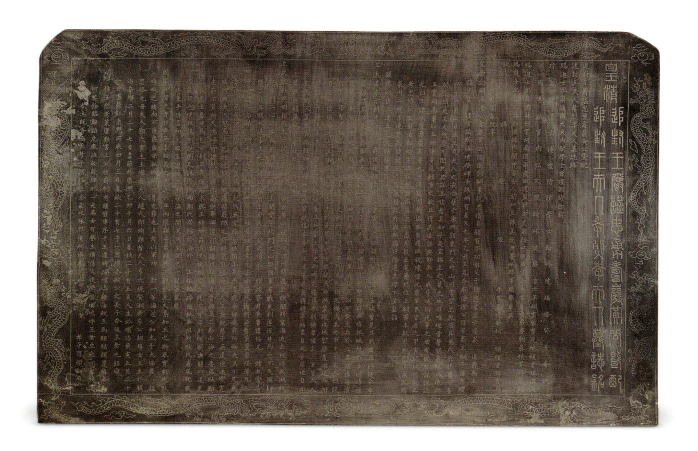

清寿岩黄公暨配王夫人李夫人石墓志

长 83.2、宽 55.1 厘米

民国带座双轮石碾

碾座长 62.0、宽 24.0、高 10.0 厘米，

碾轮直径 17.0、长 25.0 厘米

陶瓷器

 青铜时代席纹灰陶钵

口径 12.1、高 7.3 厘米

 青铜时代黑衣深腹陶豆

口径 26.0、足径 18.0、高 22.4 厘米

青铜时代（距今 3200 ～ 3000 年）。漳州市虎林山遗址出土。敞口，圆唇，平折沿，深弧腹，喇叭形圈足。内底和足外有相同的"コ"刻划符号。泥质灰硬陶，内外施酱釉。豆为盛器，是一种食器，并可作为礼器，也作为冥器随葬，其中"コ"状刻划符号或为族徽、部落标志。陶瓷科技专家一般认为高铝低硅和高熔剂（主要是铁）特征正是由陶向瓷发展在化学组成上的表现，但虎林山陶器助熔剂中主要成分铁含量仍偏高，最低为 3.4%，与目前学术界一般意义上原始瓷中铁含量在 3% 以内仍有距离，说明还未脱离陶器的范畴，但已十分接近于原始瓷器。

 青铜时代黑衣深腹陶豆

口径 12.6、足径 10.8、高 16.4 厘米

 青铜时代黑衣深腹几字纹陶豆

口径 20.5、足径 15.4、高 21.6 厘米

 青铜时代酱釉长颈陶尊

口径 23.0、足径 8.0、高 52.0 厘米

青铜时代（距今 3200～3000 年）。漳州市虎林山遗址出土。侈口，圆唇，折沿外翻，长颈微曲，鼓肩，鼓腹弧收，小平底。颈上和腹部饰凸弦纹，肩部饰四个圆形小系，腹部并饰条纹。泥质灰黄硬陶，器表施酱釉。古代陶尊为容器、礼器，可以用来装酒或者水。

 青铜时代黑衣深腹细绳纹陶带流壶

口径 16.5、底径 7.4、高 27.6 厘米

 汉印栅栏纹灰陶罐

口径 23.0、底径 20.0、高 40.0 厘米

 汉陶猪

长 15.6、高 7.8 厘米

 东汉绿釉云气纹陶三足鼎

口径 9.3、高 14.5 厘米

 **东汉绿釉陶鸡**

长 18.0、高 12.4 厘米

宋带盖多嘴陶壶

口径 7.3、底径 12.0、高 29.8 厘米，盖口径 3.6、

盖高 8.9 厘米，通高 29.0 厘米

宋陶女立俑
宽 5.7、高 20.0 厘米

宋陶女立俑
宽 5.5、高 20.1 厘米

宋人面蛇身陶俑

长 13.2、高 6.8 厘米

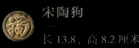

宋陶狗

长 13.8、高 8.2 厘米

 **宋莲瓣纹陶瓦当**

直径 11.0、厚 3.3 厘米

 明印缠枝莲花纹长方形陶砖

长 23.0、宽 13.0、高 3.5 厘米

 清宜兴紫砂壶

口径 9.6、底径 7.7、高 6.3 厘米，盖口径 8.2、
盖高 4.9 厘米，通高 10.8 厘米

 清宜兴窑四象耳刻山水文字鼓形陶盖罐

口径 10.5、底径 10.5、高 15.3、盖直径 8.8、
盖高 1.1、罐高 15.3 厘米

 清陶四面风狮爷

底径 14.0、高 26.0 厘米

 清砖雕辟邪瑞兽

长 17.0、宽 7.0、高 18.0 厘米

 清剔刻缠枝莲纹六角陶砖

直径 19.0、厚 3.3 厘米

 五代青釉双系瓷罐

口径 10.5、底径 9.3、高 18.6 厘米

宋酱釉葫芦形瓷执壶

口径 5.8、底径 7.5、高 19.0 厘米

宋素胎堆贴十二生肖瓷皈依瓶

口径 7.0、底径 9.1、高 26.7 厘米

宋青白釉堆塑人物龙纹瓷皈依瓶

口径 8.0、底径 10.0、通高 76.0 厘米

 元酱釉四系瓷罐

口径 11.0、底径 10.8、高 18.0 厘米

 元青釉划花瓷盘

口径 14.2、底径 5.2、高 4.3 厘米

元代（1271～1368 年）。漳州市漳浦县英山窑址出土。侈口，圆唇，宽沿，浅腹，矮直圈足。盘内底刻划花篦梳纹。施青釉，釉色泛黄。瓷盘、碟、碗、盏是古今民间常见的生活器具。宋元时期东南沿海海外贸易繁盛，漳州地区大规模建窑烧瓷，大量的瓷器作为"海上丝绸之路"重要商品而外销到东南亚等地。

 明漳州窑酱地白花梅花纹瓷军持

口径 2.6、底径 6.6、高 11.0 厘米

明代（1368 ～ 1644 年）。漳州市平和县南胜窑址产品。军持为外销瓷中一个特殊器形，马来语为 Kendi，最初使用跟印度佛教密切相关，于 13 世纪中后期伊斯兰教在东南亚传入并得到进一步发展后，军持仍然为当地民众所用，并被穆斯林用于携带圣水。如今在巴厘岛，中国明代的青花军持仍被用来贮存圣水。目前漳州市博物馆收藏的漳州窑军持还有青花、五彩等品种，这些漳州窑瓷器正是世界不同文化交流互鉴的实物见证。

明龙泉窑系青釉划花鋬耳瓷炉

口径 30.7、高 13.8 厘米

明德化窑白釉印花双兽耳瓷炉

口径 13.9、底径 10.2、高 9.8 厘米

明漳州窑青釉刻花花卉纹瓷盘

口径 33.0、底径 14.4、高 6.5 厘米

明漳州窑青釉划花凤凰花卉纹瓷盘

口径 47.0、底径 25.3、高 11.0 厘米

明代（1368～1644 年）。漳州市平和县南胜窑址产品。敞口、圆唇、浅弧腹、矮直圈足粘砂。盘内底划花凤凰花卉主题图案，内壁划花花卉纹。施青釉，釉色天青。

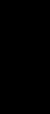

明漳州窑青釉白花菊瓣纹瓷盘

口径 32.0、底径 12.4、高 8.0 厘米

 ### 明漳州窑蓝地白花花卉纹瓷盘

口径 39.4、底径 20.0、高 9.3 厘米

明代（1368～1644 年）。漳州市平和县南胜窑址产品。此器物在日本称为"饼花手"，据日方统计，在日本现仍有近 5 万件漳州窑瓷器传世，可以知道当时外销数量之巨大。我国制瓷技术在 17 世纪中叶以前一直处于世界领先水平，漳州窑瓷器的对外输出，漳州古代的瓷器生产工艺也随之外传，并促使消费所在地国家提高陶瓷生产的技术水平。1609 年有田发现泉山瓷土矿，日本始有瓷器制造，日本窑业此时开始兴起。根据日本有田陶瓷公司的陶瓷学者佐佐木秀宪所言，在日本有田陶业史资料中曾有漳州陶瓷技术人员到有田制瓷的记载。日本关西近世考古学研究会会长森村健一先生在《志野陶器源于对漳州窑白瓷、青花的模仿》一文提到"志野陶器是作为漳州窑青花、白瓷的代用品而出现的，它不是美浓陶器在一定阶段上所形成的自身的发展。……模仿漳州窑青花、白瓷，烧制志野陶器，应是始于十六世纪九十年代"。日本陶瓷学界有很多学者认为日本窑业源于对漳州窑的模仿，通过对漳州窑的模仿，使日本窑业步入发展时期，在 17 世纪五六十年代进入鼎盛时期，从 1668 年起，日本就不再从中国进口瓷器了。并且此时是我国明清政权交替之际，日本有田烧制的瓷器替代景德镇、漳州窑瓷器向欧洲出口。后来，人们把中国景德镇瓷器、日本以有田烧为基地的伊万里瓷器及往后的德国梅森瓷器称为世界三大名瓷。

 明漳州窑酱釉白花麒麟卷云纹瓷盘

口径 35.0、底径 17.0、高 8.0 厘米

 清粉青釉印花瓷瓶

口径 20.4、高 26.5 厘米

 清漳州窑青釉牡丹蕉叶纹瓷瓶

口径 10.2、底径 11.5、高 29.0 厘米

清炉钧釉菱形八卦纹瓷瓶

口径 15.5、底径 19.3、高 31.5 厘米

 清哥釉铁砂瓷葫芦瓶

口径 16.2、底径 15.7、高 55.2 厘米

 清德化窑白釉竹节瓷三足炉

口径 13.6、底径 8.8、高 10.8 厘米

 清漳州窑青釉刻花花卉纹瓷三足筒炉

口径 18.4、高 15.0 厘米

 清景德镇窑青釉刻花瓷三足炉

口径 26.3、高 13.5 厘米

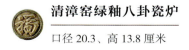 **清漳窑绿釉八卦瓷炉**

口径 20.3、高 13.8 厘米

 清哥釉铁砂铺首瓷炉

口径 19.0、底径 14.1、高 10.5 厘米

 清哥釉瓷三足炉

口径 22.5、底径 9.8、高 13.0 厘米

 清青釉双兽耳松竹梅瓷瓶

口径 15.4、底径 13.9、高 39.7 厘米

 清红釉瓷罐

口径 11.0、底径 12.8、高 25.4 厘米

 清哥釉酱口瓷杯

口径 12.5、底径 5.2、高 12.2 厘米

 清青釉刻花花卉纹瓷盘

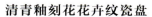

口径 34.0、底径 17.1、高 5.7 厘米

清豆青釉菱口印花瓷盘

口径 29.0、底径 15.0、高 6.0 厘米

明漳州窑青花开光凤凰牡丹花卉纹瓷盘

口径 47.5、底径 22.0、高 11.0 厘米

明代（1368 ～ 1644 年）。漳州市平和县南胜窑址产品。

此类瓷盘是漳州窑外销瓷中的典型代表，是对明代万历时期景德镇窑外销瓷的模仿与传承。青花瓷是指在瓷胎上用钴料作着色剂绘画纹饰后，施上透明釉，以 1300℃ 高温一次烧成的釉下彩瓷器。青花初创于唐宋，成熟于元代景德镇，明清时期青花瓷达到鼎盛。我国青花瓷的生产除满足国内市场外，还有很多是外销的，与东南亚、西亚的伊斯兰国家有着更密切的联系。明代中期以后，大航海时代欧洲人开辟的航线与我国传统的航线相连接，青花瓷开始源源不断销往欧洲。随着中国瓷器与外销地文化的碰撞和交流，来样加工订制的瓷器在后来的外销瓷器中占有主导地位。明万历时期较早形成规模的外销瓷种类，其装饰特征多半采用外圈由八或六个开光组成边饰，中间主题图案多为中国传统花鸟、人物、吉祥物等。这些瓷器最早出现在西班牙"圣迭戈"号商船，该船于 1600 年 12 月 14 日在菲律宾海域沉没，后被打捞出水的 34407 件瓷器，3 件景德镇窑青花瓷器配 1 件漳州窑青花瓷器，这是我国万历时期所谓"克拉克瓷"外销瓷最早之例。1602 年和 1603 年，葡萄牙 San Jago 和 Santa Cathavina 号商船先后从中国贩运大宗万历时期青花瓷，均被荷兰东印度公司武装截获，这批瓷器分别被运往荷兰的米德尔堡和阿姆斯特丹拍卖，牟取了暴利，坚定了荷兰图霸海洋的决心，随后在东南亚建立殖民地，窃据我国台湾岛，在海洋上亦贸亦盗，荷兰人对葡萄牙航海大帆船的音译称呼 Karrack，所以"克拉克瓷"实际就是荷兰人对明代万历时期外销瓷的称呼。

明隆庆元年（1567 年），明政府正式取消禁海令，在月港开设"洋市"，准贩东西洋贸易。漳州月港正式作为我国东南沿海唯一合法外贸港口而日趋繁荣，万历年间（1573 ～ 1620 年）走向全盛。同时也因万历皇帝迷信道教疏于朝政，官吏日渐腐败横征暴敛，此时景德镇制瓷原料高岭土日趋匮乏，官府强征民窑瓷土与瓷器，引发了景德镇窑工起义，使景德镇窑业生产受到严重破坏。由于有着巨大的海外需求，景德镇窑业的技术与资本转移至既有制瓷资源又是港口物流中心的漳州地区生产瓷器，在吸收、模仿、传承景德镇窑技术的基础上，形成了精简又急就的工艺特征，制成的瓷器神似景德镇窑实则不似，在明万历后期至清康熙早期的这段时期填补了景德镇窑外销瓷中低端的市场空白，随着从月港出发的商船，东达日本、菲律宾，南至马六甲，远达欧洲、美洲、非洲等地，长期由于产地不明，外销到不同的消费地也有着不同的名称，在日本称为"芙蓉手""饼花手""交趾瓷"，在荷兰称为"克拉克瓷"，在英国称为"沙足器""Swatow（汕头器）"。通过 20 世纪 90 年代对漳州平和县南胜、五寨窑址的考古发掘，以及与海外沉船、古遗址出土的器物以及大量外销海外的传世品的比较分析，证明了它们的产地就在漳州，所以应该还其历史真实，正名为"漳州窑"。

明漳州窑青花开光松鹿梅雀花卉纹菱口瓷盘

口径 40.0、底径 18.9、高 8.5 厘米

明代（1368～1644 年）。漳州市平和县南胜窑址产品。花口外折，圆唇，弧腹，内直外斜式矮圈足。内壁绘锦地八开光花卉纹，盘心青花双弦纹内绘锦鸡牡丹主题图案，外壁口沿和近底部各绘一道青花弦纹，中间绘绶带纹。足内底未满釉，足底粘砂。构图疏密有致，具有雍容华丽、清新明快的艺术韵味。

漳州窑瓷器先是从月港出发远销到东南亚，再经葡萄牙、西班牙、荷兰、英国等西方航海发达国家进行中转贸易，或是外国商船到月港直接贸易，然后行销到欧洲各地，成为王公贵族生活的奢侈品，变成财富与权力的象征，如在葡萄牙里斯本宫殿就装饰有漳州窑瓷器。由此产生的时尚审美，使普通民众对瓷器也产生了强烈的需求，掀起了西方对中国青花瓷器的狂热追求与仿制热潮，促使了欧洲瓷器的产生。

1575 年意大利佛罗伦萨的美第奇家族仿制成功的"瓷器"还是一种成品易碎、外表为白釉的陶器。由于长期不懂制瓷原料高岭土与硅石矿的处理技术，欧洲陶器制造厂便在彩陶上施白锡釉，在白釉上装饰蓝色图案，这是 17 世纪荷兰仿制的"代尔夫特蓝"瓷器，其实就是"釉上彩青花瓷"，与中国釉下彩青花瓷有很大差别，其所施白锡釉抗碰撞性能较差，导致其在使用过程中剐碰产生破裂而露出深红色的陶胎，让人看出它是劣质瓷器。到了 17 世纪末法国圣克劳德工厂也成功开发出一种黏土质地的初级陶瓷较接近瓷器。进入 18 世纪，在萨克森王国被奥古斯都二世软禁的德国化学家伯特格尔经过数年的试验，采用白色黏土与雪花石膏配比成功地发明了欧洲硬质瓷，于 1710 年在德国萨克森州德雷斯顿的梅森镇建立制瓷厂，先是生产仿制吸收了漳州窑制瓷技术的日本瓷器，后来才形成自己的艺术风格，成为欧洲的制瓷中心。为了防止制作秘方外泄，伯特格尔被奥古斯都二世软禁至死。天主教会法国传教士佩里·昂特雷科莱（中文名殷弘绪）于 1705 年到景德镇传教，1712 年他把景德镇获得的瓷器制作流程整理出一封万言信和制瓷原料样品，寄给了欧洲耶稣会奥日神父。1716 年法国人将这封信公开发表，从此寻找高岭土并按照二元配方仿制中国高温硬质瓷器的热潮席卷欧洲，先进的中国制瓷技术在欧洲大陆开花结果。

明漳州窑方形青花双龙戏珠纹瓷盘

宽 27.9、高 4.5 厘米

明漳州窑青花开光双龙戏珠花卉纹瓷盘

口径 38.3、底径 19.6、高 8.2 厘米

明漳州窑青花牡丹凤纹瓷盘

口径 39.0、底径 18.7、高 10.0 厘米

明漳州窑青花开光山水文字纹瓷盘

口径 42.3、底径 25.0、高 9.0 厘米

 明漳州窑青花锦地开光山水人物龙纹瓷盘

口径 47.2、底径 20.3、高 13.0 厘米

 明漳州窑青花双凤牡丹纹瓷盘

口径 27.2、底径 12.8、高 5.5 厘米

明漳州窑青花开光海船花卉纹瓷盘

口径 46.2、底径 20.0、高 10.3 厘米

明漳州窑青花开光花卉纹瓷圈足盆

口径 30.5、底径 11.5、高 10.3 厘米

明漳州窑青花花卉纹瓷碗

口径 31.4、底径 13.3、高 13.0 厘米

 明漳州窑青花人物纹瓷碗

口径 32.2、底径 12.1、高 12.8 厘米

 明漳州窑青花花卉纹瓷瓶

口径 3.0、底径 7.2、高 15.4 厘米

明代（1368～1644 年）。漳州市平和县南胜窑
址产品。器由拉坯、接坯、筑塑等多种工艺复合
成型。平口微敞，圆唇，颈部微下束，溜肩渐丰，
鼓腹，圈足。整器绘青花六开光花卉纹，采用单
线勾勒，青花分水平涂，晕散现象明显。构图疏
朗明快、清新淡雅。该器或为日用器装酒、酱、
醋等，或作为艺术赏器插花陈设用瓷。

明漳州窑青花人物纹筒形瓷三足炉

口径 19.0、底径 16.0、高 13.3 厘米

明代（1368～1644 年）。漳州市平和县南胜窑址产品。器以拉坯、接塑成型。
唇口，沿内折，直桶腹，三兽足。青花彩绘分三层，上部绘开光祥云花卉，
中部绘山水人物故事主题图案，有携琴访友等内容，下部为折枝花卉纹。胎
色灰白，胎质细腻，内膛底及器底少量露胎。炉茗香事贯穿于千年华夏民生，
喜庆欢愉及向往桃源仙境的题材常见于瓷器上。

 明漳州窑青花花卉纹瓷军持

口径 2.2、底径 6.8、高 11.2 厘米

 明漳州窑青花花鸟纹瓷尊

口径 16.5、底径 15.9、高 28.8 厘米

明漳州窑青花龙纹瓷四系罐

口径 12.3、底径 17.2、高 34.0 厘米

明代（1368～1644 年）。漳州市平和县南胜窑址产品。器以拉坯、接塑成型。直口，圆唇，丰肩，四系，鼓腹斜下收，窄圈足。青花纹饰分四层，弦纹间隔，由上至下分别为卷草、花卉、游龙、大花卉。以大写意手法直接平涂，随意急就，多为花卉、动物纹饰，别具粗犷而洒脱的艺术风格。外壁施釉及底，内壁及圈足局部露胎。此容器为生活用具，用来装酒、糖等相对贵重日用品，因其分量较重，在外销行船中也常用来压舱底，保障航行安全。

 明漳州窑青花花卉纹瓷盒

底径 6.2、高 5.6 厘米

明漳州窑青花花卉纹瓷方盒

口径 8.2、底径 5.2、高 5.2 厘米

清漳州窑青花牡丹凤纹瓷将军罐

口径 10.4、底径 9.4、高 19.7 厘米，盖口径 7.6、
盖高 7.3 厘米，通高 26.7 厘米

清德化窑青花山水纹瓷三足炉
口径 28.3、高 12.2 厘米

 清德化月记窑青花花卉纹瓷碗

口径 16.9、底径 6.1、高 6.6 厘米

清漳州窑青花飞禽纹瓷盖碗

口径 9.4、底径 3.2、高 5.4 厘米，盖口径 13.0、盖高 3.2 厘米，通高 7.2 厘米

清代（1644 ～ 1911 年）。漳州市南靖、华安县东溪窑址产品。由盖及碗组成。盖如浅盏，盖纽露胎色泛火石红。碗口径倍于盖径，含而不漏，圈足。器表绘青花游禽水藻纹，整器施釉，盖纽足内书有"成化年制"款。此器为饮茶器皿，1822 年触礁沉没的"泰兴号"商船打捞出水的器物中可见，出水瓷器大都是德化窑生产的用于出口亚洲市场的青花瓷，少部分是漳州窑盖碗。

民国漳窑青花松鹤纹瓷瓶

口径 18.0、底径 14.0、高 42.5 厘米

民国漳窑青花松鹤纹瓷瓶

口径 18.5、底径 14.0、高 42.3 厘米

 明漳州窑五彩开光花鸟纹瓷罐

口径 9.8、底径 13.5、高 23.0 厘米

明漳州窑五彩花鸟纹瓷罐

口径 10.0、底径 13.4、高 22.4 厘米

明代（1368～1644 年）。漳州市平和县南胜窑址产品。唇口，丰肩，鼓腹下收，圈足微撇。
整器绘红绿彩，图案用红彩弦纹隔成三部分，肩部为狮子戏球纹，并将球内绘成别具风
格的铜钱状，腹壁绘四组洞石牡丹主题图案，近底部绘祥云纹。外壁施釉及底，圈足内
及器内局部露胎。此器构图繁疏有致，取意花开富贵、招财进宝的美好生活愿望。

 明漳州窑五彩花卉纹瓷盖罐

口径 6.0、底径 5.8、高 10.0 厘米

 明漳州窑五彩开光花卉纹瓷碗

口径 19.5、底径 6.5、高 8.5 厘米

明漳州窑五彩罗盘航海图瓷盘

口径 34.2、底径 16.0、高 7.6 厘米

明代（1368～1644 年）。漳州市平和县南胜窑址产品。盘内绘 24 向位罗盘，中央为简体阴阳太极二重圈，圈内写有"天下一"字样，内圈 24 个楷书铭文，"文武兼辅破廉武巨文禄廉文，破破武贪文禄廉辅破巨武贪"，依首句文武廉辅，大约是文武官职俱要政治清廉、相辅相成，不要贪财之意，后面重复或错位文字则为民间俗写方式。外圈由天干 8 字，地支 12 字，八卦文"乾、坤、巽、艮" 4 字搭配组合。盘壁饰星宿、岛屿、海涛、帆船、飞渔、鹦鹉等图案，口沿饰山岭、草树、行船、桥渡等景物。大盘中心的罗盘即指南针，指南针作为定向工具在北宋时已应用于远洋航海。南宋时开始以天干 8 字、地支 12 字加上八卦乾、坤、巽、艮 4 字定位罗盘，每个字相当于经度 15°。在罗盘上，子为正北，按顺时针方向顺序是丑、艮（东北）、寅、甲、卯（正东）、乙、辰、巽（东南）、巳、丙、午（正南）、丁、未、坤（西南）、申、庚、酉（正西）、辛、戌、乾（西北）、亥、壬、子（正北）、癸。中国宋代首先使用指南针导航，开创了世界航海史的新纪元。此星盘图形反映了中国的航海文化。瓷盘中另绘有星宿图，星宿图又称二十八宿，古代天文学家把黄道（太阳和月亮所经天区）的恒星分成二十八个星座，东西南北各有七宿，与指南针皆有指示方位和航向的功能。

 明漳州窑五彩花鸟云龙纹瓷盘

口径 39.0、底径 18.8、高 10.5 厘米

 明漳州窑五彩锦地开光富贵长春山水人物纹瓷盘

口径 40.0、底径 19.0、高 8.0 厘米

 明漳州窑五彩开光忠孝廉节福字纹瓷盘

口径 37.8、底径 18.5、高 9.2 厘米

明代（1368～1644 年）。漳州市平和县南胜窑址产品。敞口，圆唇，折沿，浅弧腹，内直外斜式矮圈足，足底粘砂。器内用红、绿、蓝三彩描绘，口沿绘折枝花卉，内壁绘四季花卉、四开光内书"忠、孝、廉、节"文字纹，盘底绘双龙火焰纹，盘心书"福"字，外壁红彩双弦纹内绘绶带纹。"忠孝廉节"永远是时代的呼唤，在社会和谐、弘扬正气方面有很大的积极作用。

明漳州窑绿彩仕女纹瓷盘

口径 35.0、底径 18.4、高 7.3 厘米

明漳州窑绿彩开光招财进宝山水纹瓷盘

口径 38.0、底径 17.5、高 9.0 厘米

明漳州窑五彩开光玉堂佳器人物花卉纹瓷盘

口径 38.2、底径 17.5、高 8.5 厘米

明漳州窑五彩鱼藻文字纹瓷盘

口径 38.5、底径 18.0、高 9.0 厘米

 明漳州窑五彩山水楼阁印章纹瓷盘

口径 39.0、底径 19.7、高 8.5 厘米

明代（1368～1644 年）。漳州市平和县南胜窑址产品。敞口，圆唇，弧腹，内直外斜式矮圈足，足、底粘砂。盘内壁绘两组相间的红彩印章纹和绿彩开光，内底两道弦纹内用绿彩绘仙山楼阁图案。有专家认为是典型的明代道教题材，主题是弘扬"重人贵生"教义，盘心仙山楼阁图案解读为道教的内经图，中部一缕青烟将楼阁分开，表现一种乘云气、御飞龙的仙境理想。从事死如事生的观念，到道教倡导的修行升天，都反映了民众追求美好愿景的文化内涵。明代崇尚道教文化，尤以嘉靖万历为甚，道教题材纹饰常见于瓷器上。

明漳州窑五彩指南针航海图纹瓷盘

口径 33.6、底径 17.2、高 7.2 厘米

明漳州窑五彩开光阿拉伯文瓷盘

口径 38.5、底径 18.4、高 9.5 厘米

明代（1368 ～ 1644 年）。漳州市平和县南胜窑址产品。盘上的阿拉伯文字纹饰内容经专家考证为《古兰经》中的警句
与赞美先知穆罕默德的真言，是漳州窑瓷器中伊斯兰文化元素的重要物证。《古兰经》是伊斯兰教的经典，7 世纪阿拉伯
半岛统一后，阿拉伯文字成为《古兰经》所使用的文字体系。明正德皇帝（1505 ～ 1521 年在位）信奉伊斯兰教，"上
有所好，下必甚焉"，带动了社会对伊斯兰教的追捧，作为御器厂的景德镇这个时期推出了一系列带有伊斯兰文化元素的
瓷器，其中带有阿拉伯文字纹饰的瓷器占不小比重。13 世纪中后期伊斯兰教传入东南亚并得到发展传播，漳州窑生产了
大量适应伊斯兰民众生活需求的瓷器，真正反映了文化因交流而多彩，文明因互鉴而丰富。

 明漳州窑五彩八卦图瓷盘

口径 35.3、底径 17.0、高 7.6 厘米

明代（1368～1644 年）。漳州市平和县南胜窑址产品。敞口、圆唇，浅弧腹，内直外斜式矮圈足。盘内底红彩双弦纹内用绿彩绘八卦纹、双弦纹外绘祥云绶带纹，内壁绿彩绘祥云、星宿、山景楼台、小船人家图案，好似唐张继《枫桥夜泊》"月落乌啼霜满天，江枫渔火对愁眠。姑苏城外寒山寺，夜半钟声到客船"的意境。

明漳州窑五彩开光花卉纹瓷盆

口径 31.3、底径 10.0、高 9.8 厘米

明漳州窑五彩开光花果纹瓷盒

口径 8.5、底径 5.5、高 5.5 厘米

清德化窑五彩牡丹花鸟纹瓷盖罐

 口径 10.8、底径 12.7、罐高 25.0 厘米、盖口径 7.6、盖高 7.4 厘米、通高 32.0 厘米

明漳州窑素三彩福字纹瓷盒

口径 5.7、底径 3.6、通高 6.9 厘米

明代（1368～1644年）。漳州市平和县南胜窑址产品。素三彩香盒在日本又被称为"交趾瓷""华南三彩"，17世纪后作为盛香的容器和观赏的对象，深受日本茶道界的重视，但是一直被认为是产于古代东南亚的交趾国（今越南）。1997年在日本京都茶道资料馆馆长千宗室先生的资助下，福建省博物馆、平和县博物馆对南胜田坑窑进行了考古发掘，发现了磨坊、蓄土坑、作坊、窑基等遗迹，出土了窑具、模具、瓷器标本数百件，证明了日本茶道传世的"交趾香合"实为平和县明末清初产品，解决了海内外众多此类陶瓷长期悬而未决的窑口问题。明代"倭寇之患"之后，政府实行海禁政策，一直禁止与日本通商，于是形成了转口贸易。据日本岩生成一《新版朱印船贸易史的研究》提到：明人何乔远有"日本国法所禁，无人敢通。然悉奸阑出物，私往交趾诸处，日本转乎贩鬻，实则与中国贸易矣"。漳州窑素三彩就是通过转口贸易的途径由越南交趾转运到日本的。

 明漳州窑酱釉寿字纹瓷盒

口径 6.0、底径 3.5、通高 3.3 厘米

 明漳州窑酱釉莲瓣纹瓷盒

口径 4.3、底径 3.2、通高 4.5 厘米

 清漳州窑素三彩贴花瓷三足炉

口径 2.5、高 4.2 厘米

 清素三彩摩羯形瓷盖盒

口径最大 9.1、底径最大 5.0、通高 7.0 厘米

 明漳窑米色白釉竹节瓷三足炉

口径 18.3、高 11.0 厘米

清乾隆漳窑米色白釉刻牡丹纹瓷花觚

口径 18.6、足径 13.5、高 35.5 厘米

清代（1644～1911 年）。喇叭口，尖圆唇，直筒长腹，中部鼓圆，刻划牡丹花纹，上下各饰两道弦纹。腹底外撇出棱，矮圈足呈两层台状，足跟刮釉露胎，呈淡褐色，足内满釉。足底内心印阳文"大清乾隆年制"篆书款。浅灰胎，胎体厚重致密，外施米色白釉，釉面莹亮，开细小冰裂纹。漳窑名称源自清光绪十二年（1886 年）福建侯官学者郭柏巷所著《闽产录异》："漳窑出漳州，明中叶始制白釉米色器，其纹如冰裂"，考古可见的是 1966 年山东兖州明弘治十八年（1505 年）巨野郡王墓出土的漳窑蟠螭尊，这是一件有可靠年代依据的出土器。传世品年代最早的是上海市博物馆收藏的明代成化漳窑佛像。漳州市博物馆藏的这件漳窑花觚造型仿铜器，腹部鼓凸处用纤巧灵活、自然飘逸的线条刻划牡丹纹，使器物显得古朴隽秀，加上"大清乾隆年制"纪年款，使器物显得弥足珍贵。漳窑米色白釉瓷器以陈设器、供器为主，最具艺术风韵。

 清漳窑米色白釉堆贴三羊开泰纹瓷瓶

口径 13.0、底径 10.6、高 42.3 厘米

清代（1644～1911 年）。喇叭口，圆唇，长颈，溜肩，丰腹弧收，卧足。颈部有一道弦纹，肩部上下各有两道弦纹，在弦纹之间模印回纹装饰带。浅黄胎体厚重，胎质致密，烧结度高。外施米色白釉，釉面莹亮，开细小冰裂纹，内壁颈以下未施釉。造型庄重秀美，器腹贴塑"三羊开泰"图案，三只羊形态各异，构图疏密有致，栩栩如生。

 清漳窑米色白釉青花骏马纹瓷瓶

口径 12.4、底径 12.4、高 39.0 厘米

 清漳窑米色白釉回纹瓷瓶

口径 7.5、底径 12.0、高 35.0 厘米

 清漳窑米色白釉贴塑梅兰公鸡纹瓷瓶

口径 7.3、底径 13.2、高 36.5 厘米

 清漳窑米色白釉蕉叶纹瓷长颈瓶

口径 9.1、底径 8.8、高 32.4 厘米

清漳窑米色白釉象耳瓷瓶

口径 6.0、足径 9.2、高 32.5 厘米

 清漳窑米色白釉贴塑梅花纹双铺首瓷橄榄瓶

口径 7.0、底径 8.8、高 29.5 厘米

 清漳窑米色白釉夔龙纹双铺首瓷壁挂瓶

口径 10.8、底径 9.8、高 19.3 厘米

 清漳窑米色白釉瓷三足炉

口径 26.3、高 8.6 厘米

清漳窑米色白釉双环耳瓷三足炉

口径 13.8、高 16.8 厘米

清代（1644～1911 年）。敛口，圆唇，圆腹，肩部对称
贴塑象耳鼻游环耳。三足跟露胎，呈浅褐色。浅黄胎，胎
质致密，修胎规整。通体施米色白釉，火候较高，釉面纯
净莹亮，开细小冰裂纹。该器型仿铜作风，庄重古朴。

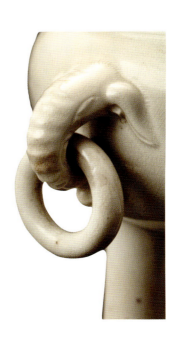

 清漳窑米色白釉堆塑夔龙纹瓷盖罐

口径 4.8、底径 4.8、高 8.1 厘米

清漳窑米色白釉贴塑花鸟纹瓷箭筒

底径 21.5、高 70.6 厘米

 清漳窑米色白釉喜上眉梢南瓜瓷把壶

口径 7.8、底径 11.5、高 12.0 厘米

 清漳窑米色白釉双面寿星瓷执壶

底径 13.5、高 25.7 厘米

清漳窑米色白釉贴塑喜鹊登梅瓷执壶

口径 5.5、底径 11.4、高 32.5 厘米

 清漳窑米色白釉彩绘喜鹊登梅瓷盘

口径 28.0、底径 26.0、高 1.0 厘米

清漳窑米色白釉如意观音瓷立像

底径 12.0、通高 45.0 厘米

清代（1644～1911年）。站姿观音菩萨像，采用雕刻、捏塑、堆塑、贴塑、分接、盘筑等技法塑造胎型，而后施釉成器。菩萨开脸吉祥，着天衣，佩璎珞，持如意，踏于祥云之上。施釉及底，米白釉色，底足露胎，胎色黄白，胎质细腻。观世音菩萨在梵文佛经称 Avalokiteśvara，音译"阿缚卢枳多伊湿伐罗"，在中文佛典的译名有竺法护译为"光世音"，鸠摩罗什译为"观世音"，玄奘译为"观自在"。最为通用的是"观世音"，"观音"是于唐代曾因避太宗李世民名讳的略称。古印度佛教中观世音菩萨有男像也有女像，传入中国后主要是男像，因慈悲普渡众生而逐渐演变中国化的女像，深植于百姓心中。女身观音的传说，最早可见于宋代朱弁《曲洧旧闻》，其后宋末元初管道升《观世音菩萨传略》成为完整的传记。以此为蓝本，还陆续出现了《香山宝卷》《南海观音全传》《观音得道》等一大批观音故事书。此尊观音菩萨像低眉垂目间盈溢着怜悯世人普渡众生的大慈悲，为漳窑佛造像中的精品之一。

清漳窑米色白釉仙翁瓷立像

底径 12.7、通高 32.2 厘米

清代（1644～1911 年）。模印成形，仙翁呈站立状，身着长袖长袍，袒胸，左手握寿桃，右手持如意，站立于祥云台座上，台座中空略呈圆形。施白釉，釉面莹润，开细小冰裂纹，底部露胎。南极仙翁是中国古代神话传说中的老寿星，原型是道教元始天尊座下大弟子，主寿，曰"寿星"或"老人星"。寿星先前的形象一般是"如意莲花冠、鹤氅、牌子、玎当、白发、白髯、执圭"。明代取消了自秦汉以来的国家祭祀寿星制度，从此寿星成为民间祈求健康长寿最具世俗风情的神仙，明显的造型特征是额头上凸起硕大的肉包。寿星的大脑门儿也与古代养生术所营造的长寿意象紧密相关，如丹顶鹤头部就高高隆起，寿桃是王母娘娘蟠桃会上特供的长寿仙果。漳窑米色白釉瓷器以人物塑像最为精美，这尊漳窑米色白釉仙翁立像便是典型的精品之一。

清漳窑米色白釉瓷弥勒佛瓷坐像

底径 20.3、高 16 厘米

清漳窑米色白釉狮子戏球瓷塑

长 23.5、宽 13.3、高 26.4 厘米

民国漳窑米色白釉瓷大罐

口径 13.6、底径 17.0、高 36.0 厘米

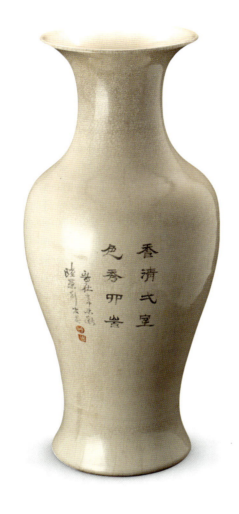

民国漳窑米色白釉彩绘人物纹瓷瓶

口径 13.0、底径 12.5、高 38.0 厘米

金

属

器

青铜时代铜戈

长 22.5 厘米

青铜时代（距今 3200 ～ 3000 年）。漳州市虎林山遗址出土。戈正背面较光洁平整，边缘残损，外表呈灰绿色。直内，微弧援，无胡，正背面有棱，但未突出两侧。中脊突出，援截面呈菱形。墓葬清理时发现戈一侧残存短阑，因质脆而粉碎。虎林山遗址青铜器把福建发现青铜器的历史从西周提早到商晚期。

唐葵形花卉纹铜镜

直径 13.0、厚 1.15 厘米

唐代（618 ～ 907 年）。整体扁平，小兽纽，镜面无纹，镜背铸纹，以纽居中环状辐射围绕折枝花卉纹，以一细圈状起棱为界，环铸八朵祥云，宽镜缘呈八瓣葵状，八朵祥云与之对应。铜镜为古代常厢的实用器物。

 南宋湖州石十五郎款素面铜镜
直径 14.1、厚 1.0 厘米

 明仿汉四乳四虺纹铜镜
直径 9.0、厚 0.8 厘米

 明银鎏金瓜状发冠、发簪

长 19.0、直径 7.5、高 4.9 厘米

明代（1368 ～ 1644 年）。银质鎏金，有缺损。组合器物，由冠身嵌饰、冠身、发簪组成。冠身嵌饰片状，锤揲成型，大如意云头铺底，数朵祥云点缀，多道"凸"状纹饰组成朝上边缘；冠身完整，上方起梁七道，下方束一宽带，带上大花朵点缀，冠身两侧有孔，用于穿接发簪；发簪细长，簪头取灵芝如意造型，长杆贯于冠身身侧两孔。明代士人以上阶层的男子多在发髻上罩一顶束发冠，其样式继承自宋元时期的"小冠"（二寸冠），《三才图会》云："冠名曰束发者，亦以厪能撮一髻耳。"束发冠使用的材质多种多样，文震亨《长物志》中说："铁冠最古，犀、玉、琥珀次之，沉香、葫芦者又次之，竹箨、瘿木者最下。制惟偃月、高士二式，余非所宜。"

 清兽面纹铜爵

口径 8.5、高 10.0 厘米

清双耳鬲式铜三足炉

口径 25.5、高 42.0 厘米（不含耳）

清代（1644～1911年）。铜质，直口，束颈
上铸雕饕餮纹，颈侧接折角朝冠式双耳，鼓腹，
腹足一体三鬲状足，足间起脊呈三棱锥体，鬲
足上起两道凸棱。造型奇特，仿古求变。明清
炉事器皿常见尚古风格，纹饰、造型皆有体现，
此炉器型较大，应为斋堂或庙堂之物。

清福禄寿双兽耳铜炉

口径 10.5、高 6.9 厘米

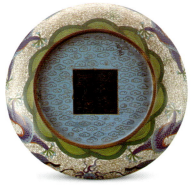

清铜胎掐丝珐琅龙纹笔洗

口径 16.9、底径 13.3、高 5.5 厘米

清代（1644～1911 年）。唇口内敛，鼓腹，平底，圈足。工艺复杂，除了基础的掐丝珐琅还运用鎏金、焊接等工艺。唇口及圈足满鎏金，内膛外壁满掐丝，五色珐琅填彩，圈足内有墨彩"乾隆年造"款，其余底子填蓝彩。整器以奶白珐琅配合满缀祥云铺底，其主纹饰于内膛满铺，为一黄首蓝鳞正面龙，圆目大口，须鬣飘逸，浅蓝焰珠悬于龙颚之前。外壁亦为满缀小祥云铺底，环壁双龙戏珠纹饰。笔洗为中国传统的文房用具，用于涮笔、控墨、蘸水等，造型矮扁且材质多样、纹饰丰富，常常小赋雅趣，或雕、或绘、或塑于笔洗之上，并辅以吉语，以求得伏案观澜，一花一景的雅致境界。

 清錾花鎏金铜碗

口径 10.8、高 2.3 厘米

 清铁药碾

碾槽长 69.0、高 20.0 厘米，碾轮长 46.5、高 24.0 厘米

清鎏金铜观音坐像

身围 125.0、座高 20.0、通高 115.0 厘米

清代（1644～1911 年）。坐姿供奉像。铜质，范铸而成，中空，胎壁厚重，通体鎏金，皮肤部分有朱黄大漆。宝莲冠，联珠璎珞，宝相如意坠。双目垂帘，慈悲恬静，身呈禅定坐，端于莲花台，手结法界定印，抚济众生怜悯。观世音菩萨是古印度佛教阿弥陀佛的左胁侍，与大势至菩萨一起称为"西方三圣"。佛教中国化后观世音菩萨为"四大菩萨"之一，相传其生日是农历二月十九，成道日是农历六月十九，涅槃日是农历九月十九，说法道场是普陀山。

清鎏金铜菩萨坐像

高 10.9、底宽 6.0 厘米

 清陈靖姑铜坐像

高 27.0 厘米

民国铜胎掐丝珐琅龙纹盖罐

口径 7.2、底径 8.8、罐高 17.7 厘米，盖口径 6.2、盖高 5.3 厘米，通高 21.6 厘米

民国錾花锡酒壶

高 19.0 厘米

 民国漳州义丰点铜款三层方形铜盒

口径 8.0、底径 8.0、通高 11.0 厘米

 19 世纪日本国蟠龙纹铜瓶

口径 6.5、高 45.4 厘米

 19 世纪日本铜镜

直径 24.0、高 34.8 厘米

钱

币

13 ～ 19 世纪泰国香蕉银币

长 3.2、宽 2.2 厘米

16 世纪泰国素可泰虎舌银锭

长 10.9、宽 2.9、厚 0.6 厘米

16 世纪。始铸于 13 世纪的素可泰王朝，其图案像虎的舌头，呈扁瘦长条形状，正面周边上有一排突出的小圆点，光背。虎舌锭大多为银质，大小、重量不等。"虎舌"银锭根据加盖戳记的不同，可分为有戳记以及无戳记两种版别，戳记还可分动物戳记、皇室符号、世俗符号和佛教符号等版别。"虎舌"银锭铸造精美实用，一直到 19 世纪中叶还在泰国民间使用，该币也曾少量流入漳州地区。

 16 世纪无年份日本二朱金币

长 1.4、宽 0.8、厚 0.1 厘米

 1697 年西属墨西哥 8R 银币

长 3.4、宽 3.0、厚 0.4 厘米

 17 世纪墨西哥手工打制币加盖葡萄牙戳记 8R 银币

直径 4.1 厘米

 1750 年西属墨西哥双柱双地球 8R 银币

直径 3.9、厚 0.5 厘米

 1772 年西班牙卡洛斯三世头像金币

直径 1.4、厚 0.1 厘米

1772 年。金币，正面为洛斯三世侧脸头像，背面是皇冠盾徽组合章，皆有文字环绕。卡洛斯三世（Carlos III，英语文献中常写作查理三世 Charles III，1716 年 1 月 20 日～1788 年 12 月 14 日），波旁王朝的西班牙国王（1759 ～ 1788 年在位），即位前封号为帕尔马公爵（称卡洛斯一世，1731 ～ 1735 年）。他也是那不勒斯国王（称卡洛七世，1735 ～ 1759 年）和西西里国王（称卡洛四世，1735 ～ 1759 年）。

 1780 年奥匈帝国国王头像银元

直径 4.0、厚 0.35 厘米

1785 年荷兰 1 杜卡通马剑银币

直径 4.2 厘米

1785 年。银币，正面为手持宝剑、全副盔甲的骑士图案，马腹下的狮子及皇冠有单狮、上下狮、左右狮等不同版别，代表荷兰各省铸币厂所铸造。背面中央是盾徽，盾徽中间是头戴三叶状王冠的立狮，立狮右爪持罗马剑，左爪握 7 支箭，代表荷兰独立时的 7 个省，象征团结就是力量。盾上皇冠及两侧立狮所组成的荷兰国徽一直沿用至今。盾徽下方为铸造时间。银币铸于 1659 ~ 1798 年，初铸是光边，后改为斜纹边。壹圆型"马剑"称 1 杜卡通（DUCATON），在我国流通较广。由于其重量足、成色好，因此民间多用于储存或者熔化改铸。

1807 年西属墨西哥卡洛斯四世头像 8R 银币

直径 3.9 厘米

1807 年。银币，正面铸西班牙国王头像，有卡洛斯三世（1716 ~ 1788 年）、卡洛斯四世（1748 ~ 1819 年）和菲迪南七世（1784 ~ 1833 年）三种图案。背面是双柱之间的西班牙王室盾徽。盾徽中央是三朵鸢尾花，代表波旁王朝；两个斜角对称为立狮，表示为西班牙的雷昂国王；古城堡表示古西班牙的卡斯提王国。背面自右而左为"HISPAN·ET·IND·REX"以及 8R 等，意为"西班牙及西印度群岛国王"。R 为币制单位瑞尔，M 上边有个小圆圈，是墨西哥铸币厂的代号。银币始铸于 1772 年，至 1833 年停止铸造。"双柱国王头像"银币在漳州被称为"佛头银""佛面银""佛银""鬼仔脸""蓬头"等。

1818 年荷兰武士像金币

直径 2.0 厘米

清漳州军饷银元

直径 3.8、厚 0.25 厘米

清代（1644～1911年）。银元，正面铸阳文"漳州军饷"，下为阳文花押，背面上端镌"足纹"，下端镌"通行"。漳州军饷银元制作古朴拙巧，币面简洁。其大小、重量、成色等仿效了闽南地区流通的外贸番银的铸币样式，同时融入了中国文化的书写及花押特色，充分体现了中外货币文化的交流融汇。漳州军饷银元只局限在闽台一带使用，流通范围并不广，但它在近代银元发展过程起到先导作用，是中国货币铸造从传统的银两制向银元制过渡的有益尝试，在中国货币史上占有极其重要的位置。关于漳州军饷的铸造时间和签押释文，史学及钱币界众说纷纭，主要有以下说法：1. 郑成功进行抗清活动所铸，时间在南明永历三至六年（1649～1652年），签押解释为"国姓大木"和"朱成功"；2. 清道光二十四年（1844年）福建地方政府所铸，签押解释为"为无为"和"成功"；3. 同治三至四年（1864～1865年），曾国荃、左宗棠在漳州平定太平天国时所铸，签押解释为"曾签""左签"。此外，还有铸于乾隆期间及1841年鸦片战争时期等其他说法。漳州军饷铸造时间的确定关系到谁是中国最早的自铸银元，因此破解漳州军饷铸造时间及花押之谜，一直是钱币学界的重要课题。

清天地会银腰牌

直径 2.6 厘米

19～20世纪4种不同外国银币制作银项链

长 92.0 厘米

木器

 清金漆木雕人物纹裙板

长 23.0、宽 44.3、厚 2.4 厘米

 清金漆木雕人物纹绦环板

长 42.4、宽 20.4、厚 3.45 厘米

清代（1644 ～ 1911 年）。绦环板，一般是指在家具竖向板面四边里侧浮雕一道阳线，板面无论是方还是长方，每边阳线都与边框保持相等距离的一种家具装饰构件。有实心浮雕式的，也有镂雕、透雕中空式的。而此器工艺复杂精湛，以透雕作为其工艺基础之上又有圆雕及镂雕运用延伸，雕刻成型后起线部分，开窗倭角边框及主纹饰图案皆满漆金。根据相关文献记载，绦环板的装饰运用最晚至少在宋代已经出现，明清时期兴盛，技艺登峰造极，其中以福建、浙江一带最具代表性。

清透雕金漆木雕人物纹绦环板

长 31.0、宽 17.5、厚 3.9 厘米

清金漆木雕人物纹裙板

长 21.9、宽 23.8、厚 2.7 厘米

 民国金漆木雕行书七言楹联

长 197.0、宽 34.0、厚 2.1 厘米

民国（1912 ～ 1949 年）。2 件成对，竖长方形，上部雕饰蝠纹，下部雕饰蝶纹，中部以连珠成框，于框中留出七言字位，题书"宝鼎香烟凝瑞气，银台烛蕊现祥光"行书七言。整体色调简练厚重，华丽气派。

对联又称对偶、门对、春贴、春联、对子、桃符、楹联（因古时多悬挂于楼堂宅殿的楹柱而得名）等，一般双数成套，是一种对偶文学，源于桃符，是写在纸、布上或刻在竹子、木头、柱子上的对偶语句。言简意深，对仗工整，平仄协调，字数相同，结构相同，是中文语言的独特的艺术形式。作为中国传统文化的瑰宝，有史所载，最早对联大约出现于三国时期。明清时期福建木雕、石雕工艺发展兴盛，巧夺天工者不乏其中，木质楹联在当时亦作为匠人创造艺术传承的主要施技对象而惊艳于时光。

书画

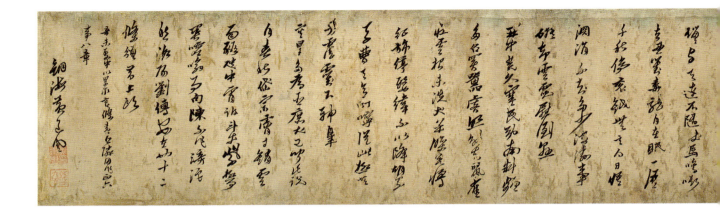

明黄道周草书横披

画心纵 26.8、横 181.0 厘米

黄道周（1585～1646 年），福建东山人，字幼玄，一作幼平或幼元，又字螭若、螭平、幼平，号石斋。明末学者、书画家、文学家、儒学大师。黄道周的书法取法上冲破二王樊篱，学习晋代索靖、曹魏钟繇，对笔法、字形、章法都做了新的探索，大量使用侧锋起笔，翻折转笔，字势呈右抬横向，字间距密而行距疏，取法高古，从中确立了新的书法审美取向。创立了"黄漳浦体"，为清代金石书法的兴起奠定了基础。

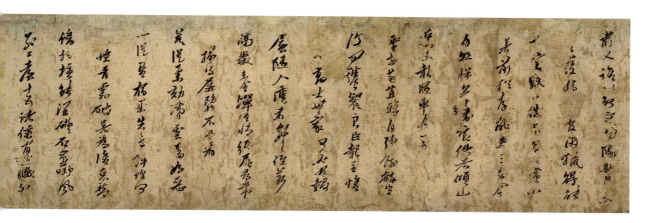

释文：肃乂谁能定雨阳，斯民未变猖。官因猎得能无害，赋以征求合偿。小暑前犹存酷吏，三星今自照牂羊。绣衣使者倾山岳，未报随车为一方。圣世苞苴雅自弹，饿麟岂复问飧餐。良臣报主惟，高士无家何必官。谷屋随人应有命，俸薪隔岁未全殚。怪将纸尾寻常事。扫得屏翳不忍看。莫从举劾滞云雷，好恶亦从星宿成。朱鸟饵蝗何足怪，青霜破暑为谁哀。盘螭托柱能润磩，石燕唧风别上台。十五诸侯闲述职，不教倬彼自昭回。簪笔石郎亦有权，葳蕤灵琐与天连。不随仗马鸣嘶去，忍对毒龙自在眠。一语千秋停衮钺，无言白日悟渊涓。不知多少波涛事，碍却云霓慰倒悬。关中荒久塞民劳，南料频多召买嚣。睿照能知鼠雀，云根未洗犬羊臊。莫将征旆停娄纬，不以降胡累马曹。天意叮咛从此极，无方霹雳下神皋。灾旱多为臣庶尤，已闻此说自春秋。岱宗肤寸销云雨，毇毇中宵诉斗牛。紫极何关嘘噏事，勾陈不作滂沱愁。洛阳刘傅安在也，十二条颁昔上头。

作者自题"辛未夏中以旱求言条责臣邻 因作正六事八章 铜海黄道周"。钤白文印"黄道周印"，朱文印"幼玄"。

该幅草书横披诗卷，是现存的少数长卷之一，古拙奇崛，雄肆无匹。这首《正六事八章》诗创作于崇祯四年（1631年），当时闽南地区遭遇重大旱灾，黄道周以旱灾之事为引，讲述了贤臣难求、奸臣当道、战争频发、灾害不断、民不聊生、朝廷却不问民间疾苦等六件明末之悲事。通篇陈词激昂，深情悲壮，表现出黄道周意欲重建晚明纲常秩序，挽救晚明王朝的迫切心理。

清乾隆鲍祖隽设色拟富春山居图手卷

画心纵 28.0、横 260.0 厘米

清康瑞设色芦雁图轴

画心纵 126.0、横 59.5 厘米

清马兆麟设色山水图轴

画心纵 135.5、横 67.2 厘米

清涂梦龙墨葡萄图轴

画心纵 150.0、横 79.5 厘米

清沈锦洲设色双凤图轴

画心纵 146.5、横 84.5 厘米

沈锦洲（生卒年月不详），清代福建诏安县仕渡村人，清嘉庆、道光年间诏安派代表画家。沈锦洲少年北上学画，宗法宋院体画派风格，以工笔画牡丹凤凰著称。中年宗承徐渭写意泼墨淋漓的画风，兼工带写，"一祛局促涂泽之病，而出以凝炼浑朴之长，学者翕然宗之。"喜作水墨花卉，有《牡丹》《莲花》条屏等。沈锦洲画作凝炼浑朴，布局谨严，用笔遒劲，赋色明丽。沈锦洲对诏派画坛影响甚大，一代名家谢颖苏、沈瑶池都曾拜他为师，其后，画家吴天章、谢锡章等也受其画风影响。浅墨铺底，远山近水留白，局部翠竹绿叶点缀。双凤状如雄鸡，五彩而文，栖于松石之上（《山海经》有载，或为凤凰，雌称"凰"，雄为"凤"，雌雄合称凤凰，秦汉之后逐渐不分雌雄，并与龙对应，统治阶级指代化），一凤色沉，昂首抬腿左甩尾，跃跃欲飞状；一凤色淡，回首曲颈斜披尾，作休憩状。凤凰神姿灵动，松石肌理分明，整体设色搭配甘美怡人。

钤白文印、朱文印"锦洲"。

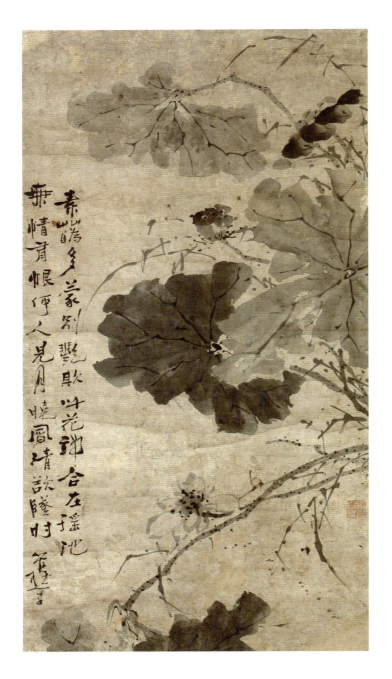

清谢琯樵墨荷图轴

画心纵 117.5、横 63.2 厘米

谢琯樵（1811～1864 年），原名谢颖苏，初字采山，出生于诏安县的一个书香世家，20 岁以后改为管樵，30 岁以后因为担心被人误认为姓"管"而更字"琯"樵，号懒樵、懒云山人、北溪渔隐等，以字琯樵行世。他工山水、花鸟，尤擅兰竹，能诗词、书法、篆刻，著有《谈话偶录》等，被推为诏安画派领袖。其扎实深厚的艺术造诣影响了晚晴社会，并对海峡东岸的台湾艺坛产生了重要的影响，为清晚期中国书画艺术增添了重要的遗产。

画中水墨塘荷浓淡相间，参差交错，笔墨豪放写意，墨色淋漓。于画左侧题诗。钤朱文方印"管樵子"，此印罕见于其他作品，闲章"聊以自乐"白文方印亦罕见于其他作品，可确定为谢琯樵早年二十余岁的作品之一。这种诗画相配正是"诏安画派"的艺术风格之一。

作者自题"素花多蒙别艳欺 斗花端合在瑶池 无情有恨何人见 月晓风清欲坠时 管樵子"。

清佚名设色山水手卷

画心纵 25.5、横 144.0 厘米

1916 年吴昌硕墨色梅花寿桃图轴

画心纵 136.0、横 31.0 厘米

吴昌硕（1844～1927年），浙江省湖州市人，初名俊，又名俊卿，字昌硕，又署仓石、苍石，多别号，常见者有仓硕、老苍、老缶、苦铁、大聋、缶道人、石尊者等。吴昌硕是中国近现代画坛艺术大师，与齐白石、黄宾虹、潘天寿并称为近百年以来中国画坛借古开今的四大名家。

图绘三支腊梅，两颗仙桃，一尊方盆，描绘了寒梅本傲雪，梅花似桃花，花开宋盆上，果熟香案前。本画以篆印入画，格高韵古，元气淋漓，动人心魄，使观者为之心壮。注重画面错综回应，枝干交播。以顺应逆，以抽藏巧，且于题款纵横、长短，用印的多少、大小、朱白、位置都与布局气势通盘处置。同时，他使用的西洋红，深红古厚，配合其得益于金石治印的古厚朴茂的绘画风格，如潘天寿所说："以金石治印方面的质朴古厚的意趣，引用到绘画用色方面来，自然不落于清新平薄，更不落于粉脂俗艳，能用大红大绿复杂而有变化，是大写意花卉最善用色的能手。"

作者自题"偷桃容易跳天门 一匊寒梅酿酒樽 周鼎汉砖秦玺外 寿君犹有宋瓷盆 石灉宗台五十寿 写此持赠 丙辰初夏 缶道人昌硕同客沪"。钤白文印"昌硕缶翁"，朱文印"雄甲辰"。

1934 年王陶民设色山水书法扇面轴

画心纵 24.5、横 53.6 厘米 ×2

1944 年唐云墨色荷图轴
画心纵 108.5、横 54.3 厘米

1944 年黄宾虹墨色山水图轴

画心纵 71.0、横 31.7 厘米

黄宾虹（1865 ～ 1955 年），浙江金华人，初名懋质，后改名质，字朴存，号宾虹，别署予向。中国近现代国画家，擅画山水，山水画一代宗师；也是书法家，与白蕉、高二适、李志敏合称"20 世纪文人书法四大家"。黄宾虹精研传统与关注写生齐头并进，早年受"新安画派"影响，以干笔淡墨、疏淡清逸为特色，为"白宾虹"；80 岁后以黑密厚重、黑里透亮为特色，为"黑宾虹"。他的技法，得力于李流芳、程邃，所看重视章法上的虚实、繁简、疏密的统一；用笔如作篆籀，洗练凝重，道劲有力，行笔谨严处，有纵横奇峭之趣。所谓"黑、密、厚、重"画风，正是他显著特色。

《山水》一眼望见山峦重叠，林木扶疏，云雾缭绕。远景为山坡，古松苍郁，有几间平房，前后错落。园后有亭子，亭中坐二人。山腰树木丛生，枝条欹斜，往上高山耸峙，岿然独立。右侧为一片广阔的湖面，有一只帆船泊于岸边，以山衬水，以水烘山，使山水发生了相互为美的密切关系。这幅画面尽管崇山峻岭，山路曲折盘旋，林木丛生，层次颇多，但画面仍清妍秀润，意趣生动。构思平中见奇，近取其质，远取其势，不落寻常蹊径，笔墨枯润相间，有虚有实，繁而不乱。这与画家长期的艺术实践分不开，使其画艺达到了炉火纯青的境地。此幅画中也能充分地体现出他的"峰峦浑厚，草木华滋"的艺术风格。

作者自题"永嘉山水多瀑布 野碓春云郊居清 兴兹图其意 碧初先生鉴正 甲申冬日宾虹"。钤白文印"黄宾虹"，朱文印"宾虹八十以后作"。

1948年徐悲鸿设色奔马图轴

画心纵 82.8、横 47.0 厘米

徐悲鸿（1895～1953年），江苏宜兴县屺亭镇人，原名徐寿康，中国现代画家、美术教育家。徐悲鸿曾留学法国学西画，归国后长期从事美术教育，先后任教于国立中央大学艺术系、北平大学艺术学院和北平艺专，1949年后任中央美术学院院长。擅长人物、走兽、花鸟，主张现实主义，于传统尤推崇任伯年，强调国画改革融入西画技法，作画主张光线、造型，讲求对象的解剖结构、骨骼的准确把握，并强调作品的思想内涵，对当时中国画坛影响甚大。所作国画彩墨浑成，尤以奔马享名于世。1953年9月26日，徐悲鸿因脑溢血病逝，夫人廖静文女士按照徐悲鸿的遗愿，将他一生节衣缩食收藏的唐、宋、元、明、清及近代著名书画家的作品1200余件，图书、画册、碑帖等1万余件，全部捐献给国家。

画中一骏马纵蹄前方。颈鬣及尾鬃与前面不远处的垂柳皆受风右甩，运墨远近淡浓对比，轻重分明，整体画面动感立体，匠心独具。作者自题"碧初道长 惠教 卅七年 大暑 悲鸿"。款后钤白文印"东海王孙"，压脚钤白文印"作咴日疆"。

1951年齐白石墨色青蛙图轴

画心纵101.3、横34.0厘米

齐白石（1864～1957年），湖南湘潭人，原名纯芝，字渭青，号兰亭，后改名璜，字濒生，号白石、白石山翁、老萍、饿叟、借山吟馆主者、寄萍堂上老人、三百石印富翁。齐白石曾任中央美术学院名誉教授、中国美术家协会主席等职。他擅画花鸟、虫鱼、山水、人物，笔墨雄浑滋润，色彩浓艳明快，造型简练生动，意境淳厚朴实。所作鱼虾虫蟹，天趣横生。齐白石书工篆隶，取法于秦汉碑版，行书饶古拙之趣，其书法堪比于右任、李志敏、沙孟海等笔力雄厚、朴拙劲正。篆刻自成一家，善写诗文。代表作有《蛙声十里出山泉》《墨虾》等，著有《白石诗草》《白石老人自述》等。

画上绘草叶花苞，下有四蛙，成双成对，攀谈甚欢，蛙鸣隐隐，情趣十足。

作者自题"九十一岁白石辛卯"。钤朱文印"白石"。

1961年陆俨少设色梅花图轴

画心纵65.7、横43.0厘米

创造偶人世界指头云活十分飞

禽走兽有表情何况旦生丑净勿欲

以千年古国而今欧美为名奖享金

质首之评精上再求精迄

一九六二年郭沫若在此观看龙溪专区木偶剧团演出拥二五生板球麻袋芒果以偶人一匣

见惠书比松谷以为纪念

郭沫若

1962年郭沫若龙溪专区题木偶剧团表演行草轴

画心纵66.4、横44.0厘米

 1962 年董寿平墨色山水图轴

画心纵 88.5、横 46.0 厘米

1962 年唐云墨竹雏鸡图轴

画心纵 101.0、横 34.5 厘米

 1965 年王个簃设色葡萄图轴

画心纵 69.1、横 34.0 厘米

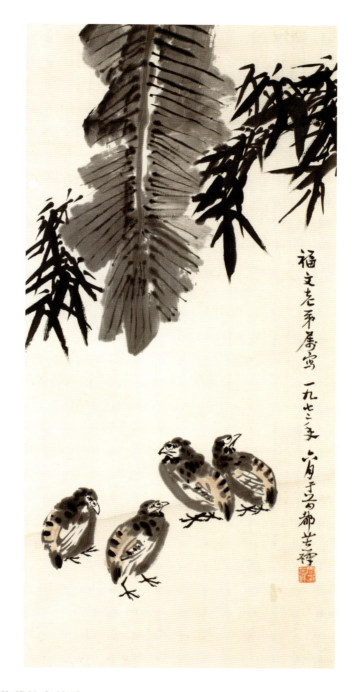

1972 年李苦禅设色芭蕉竹鸟软片

画心纵 95.5、横 44.5 厘米

李苦禅（1899～1983 年），山东高唐人，原名英杰，改名英，字超三、励公。李苦禅出身贫寒，自幼受到家乡传统文化之熏陶而走上了艺术征途。1923 年拜齐白石为师。他曾任杭州艺专教授、中央美术学院教授、中国美术家协会理事、中国画研究院院务委员，是著名的现代书画家、美术教育家，中国近现代大写意花鸟画宗师。其画风阔笔写意，笔墨雄阔，酣畅淋漓，画风以质朴、雄浑、豪放著称，并擅画花鸟和鹰，晚年常作巨幅通屏，代表作品有《盛荷》《群鹰图》《松鹰图》《兰竹》《晴雪图》《水禽图》。1978 年出版《李苦禅画辑》。

画上绘大块蕉叶，两抹翠竹，下绘四只鹌鹑，隐寓"安居乐业"。

作者自题"福文老弟属写 一九七二年 六月于首都苦禅"。钤白文印"李苦禅印"。

1973 年黄胄墨色毛驴图轴

画心纵 43.5、横 65.5 厘米

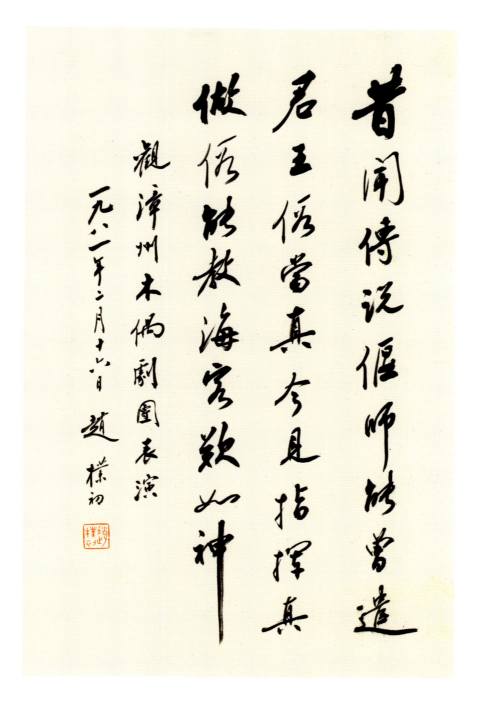

1981 年赵朴初行书七言诗轴

画心纵 66.6、横 42.6 厘米

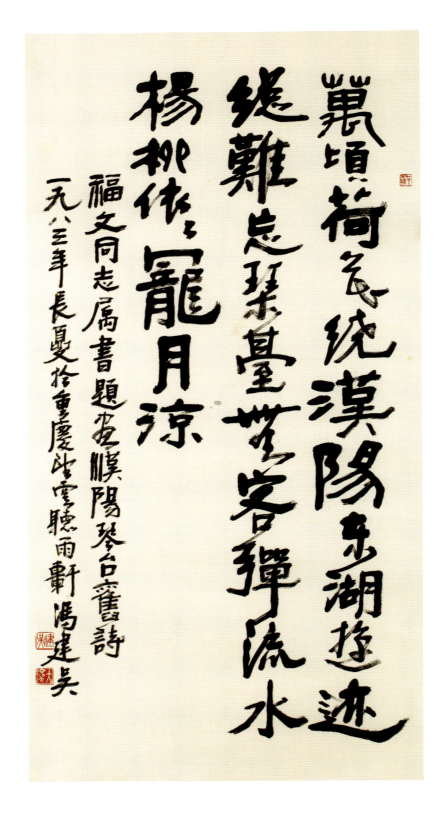

万顷荷花绕汉阳东湖挥遗迹
总难忘琴台世客弹流水
杨柳依依宠月凉

福文同志属书题罢膜阳琴台旧诗

一九八三年长夏拾重庆北碚云听雨轩冯建吴

1983 年冯建吴行书万顷荷花诗镜片

画心纵 131.5、横 66.0 厘米

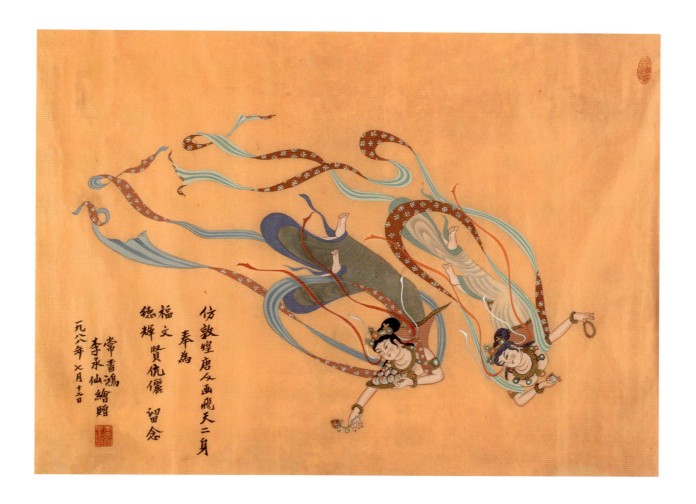

1988 年常书鸿、李承仙合绘设色敦煌飞天图镜片

画心纵 90.5、横 68.0 厘米

1989 年陆抑非行书、设色荷花扇面图轴

画心纵 101.4、横 48.0 厘米

潭边集渔
艇岩际起松
涛
心畬

近代溥儒设色山水镜片

画心纵 56.5、横 27.0 厘米

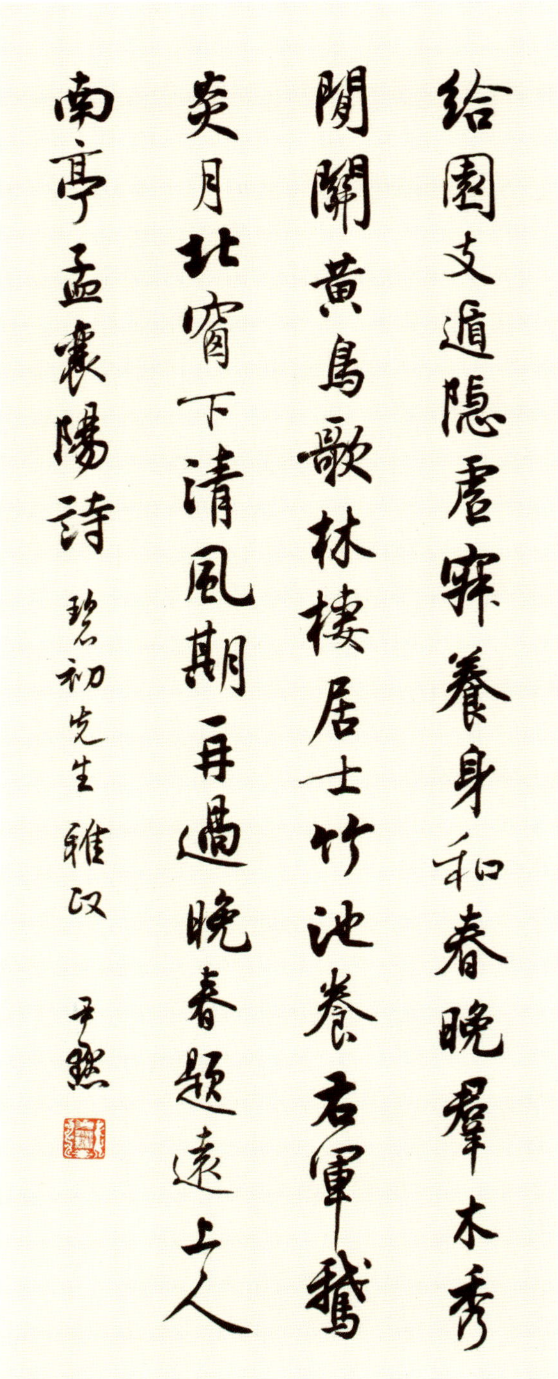

给园支遁隐辞寐养身和春晚翠木秀

閑閑黄鳥歌林樓居士竹池巻右軍鵝

炎月北窗下清風期再遇晚春題遠上人

南亭孟襄陽詩　碧初先生雅政　千默

现代沈尹默行书孟襄阳诗轴

画心纵 65.0、横 25.0 厘米

现代李可染设色牧牛图轴

画心纵 69.0、横 46.5 厘米

李可染（1907～1989 年），江苏徐州人，原名李永顺，中国近代杰出的画家、诗人。李可染自幼即喜绘画，13 岁时学画山水，43 岁任中央美术学院教授，49 岁为变革山水画，行程数万里旅行写生，72 岁任中国美术家协会副主席、中国画研究院院长。他擅长画山水、人物，尤其擅长画牛，晚年用笔趋于老辣。代表画作有《漓江胜景图》《万山红遍》《井冈山》等。代表画集有《李可染水墨写生画集》《李可染中国画集》《李可染画牛》等。1978 年李可染当选为第五届全国政治协商会议委员。此后连续当选为第六、第七届全国政协委员。1979 年李可染当选为中国美术家协会副主席、全国文联委员，并被任命为中国画研究院院长。

大笔重锋虬枝展，点擦皴染云天蔽；小娃歪歪牛背粘，虫鸣隐隐纸中散。此图牧牛极富生活情趣，牧童悠然自得。

作者自题"福文学兄指正 可染书"。钤朱文印"可染"。

现代应野平墨色山水图轴

画心纵 65.1、横 34.6 厘米

现代张振铎设色雄鸡镜片

画心纵 68.0、横 73.0 厘米

现代周怀民设色梅竹永芬芳图轴

画心纵 135.0、横 68.5 厘米